GU KOMPASS

Ralf Dannemeyer

Motivation

- So beflügeln Sie sich selbst und andere
- Mehr Spaß im Job

Der Autor

Ralf Dannemeyer (lic. rer. publ.) hat Journalistik an der FU Berlin studiert und leitete als Wissenschaftsjournalist mehrere Jahre lang große Teams. Heute arbeitet er als zertifizierter Coach und Lehrtrainer für Neurolinguistisches Programmieren (NLP). Darüber hinaus ist er der Gründer des „perspektiven"-Instituts für Mentaltraining in Weimar und Hamburg.

→ Check-in

Sie möchten auf Ihre Fragen kurze, prägnante und vor allem verlässliche Antworten erhalten. Dieser GU-Kompass bietet Ihnen schnelle Hilfe in allen Situationen, die kein langes Zaudern und Zögern gestatten. Ob unterwegs in der Jackentasche oder immer griffbereit am Arbeitsplatz: Jeder Titel dieser Reihe informiert Sie übersichtlich, aktuell, kompetent und lösungsorientiert.

- Jeder Sachverhalt wird auf einer Doppelseite geklärt. Suchen Sie Ihre Fragestellung, Ihr Stichwort, Ihr Problem im Inhaltsverzeichnis und steigen Sie einfach ein.
- Falls Sie unter großem Zeitdruck stehen und nur das Allernotwendigste nachschlagen möchten, halten Sie sich an das im Inhaltsverzeichnis optisch hervorgehobene „Last-Minute-Programm". Es zeigt Ihnen, worauf Sie keinesfalls verzichten sollten.
- Nutzen Sie den Service-Teil mit seinen ergänzenden Dokumenten sowie weiterführenden Hinweisen zu Büchern und Adressen, um bestimmte Aspekte zu vertiefen.

Motivation und Glücklichsein haben eines gemeinsam: Beides entsteht, wenn Sie im Einklang mit Ihren individuellen Werten und Talenten leben und arbeiten. Deshalb ist dieser Kompass als Trainingsbuch konzipiert, das Ihnen bei der Entdeckung dieser Werte und Talente – aber auch Ihrer Ziele – hilft. In ihm finden Sie alles, um Ihr Potenzial von der ersten Minute des Tages an voll zu nutzen, Energie freizusetzen und sowohl sich selbst als auch andere zu motivieren. Das Selbstcoaching am Ende jedes Kapitels unterstützt Sie dabei.

Inhalt

→ Last-Minute-Programm

Die wichtigsten Punkte im Überblick!
Die farblich und durch Pfeile → gekennzeichneten Abschnitte bilden das Last-Minute-Programm. Halten Sie sich daran, wenn Sie sich auf das Notwendigste beschränken möchten.

Sind Sie motiviert? – Grundlagen

„Ich will!" – Sich selbst motivieren

„Das schaffen wir!" – Andere motivieren

→ Service

1. Was ist Motivation?

Motivation – das ist die Energie, die entsteht, wenn etwas in Ihnen ruft: „Ich will …". Ist sie stark genug, kann Sie nichts mehr aufhalten.

Denken Sie an etwas, bei dem Ihr Innerstes sofort „Ja!" ruft. Etwas, worauf Sie richtig Lust haben. Das kann eine ersehnte Begegnung sein, ein tolles Auto, ein Essen, ein schönes Erlebnis … Wenn Ihnen das schwerfällt, dann denken Sie einfach an eine entsprechende Situation aus der Vergangenheit zurück: Wie fühlt sich das an? Und was sind beziehungsweise waren Sie bereit, dafür zu tun? Wahrscheinlich sehr viel.

Von der Motivation zur Aversion

Wie sieht es aber bei Dingen aus, die Sie nicht so sehr interessieren? Haben Sie auch schon einmal erlebt, dass Sie mit ganz viel Energie ein Ziel erreichen wollten, sich hoch motiviert fühlten – und dann plötzlich die Luft raus war? Und wenn ja, was waren die Gründe dafür?

1. War das Ziel zu groß (unerreichbar) oder eventuell zu klein (langweilig)?
2. War Ihnen irgendwann nicht mehr klar, warum Sie dieses Ziel eigentlich verfolgen?
3. Haben andere, wichtigere Ziele Ihre Energie gebunden?
4. Entsprach das Ziel nicht Ihren eigenen, sondern den Bedürfnissen eines anderen (Ihres Chefs, Ihres Partners, Ihres Kindes …)?

Das alles sind Faktoren, die Motivation in ihr Gegenteil – Demotivation – umschlagen lassen. Die Steigerung von Demotivation heißt Aversion. Sie entsteht, wenn Ihnen jemand ein

Ziel vorgibt, mit dem Sie nicht einverstanden sind. Oder wenn Sie Lebens- oder Arbeitsbedingungen akzeptieren sollen, die Ihnen gar nicht passen. Dann schreit Ihr Inneres nämlich: „Nein, ich will nicht ...!“

Die Kraft für Erfolg und Glück

Motivation (lateinisch movere heißt bewegen) ist die Kraft, aus der Erfolg und Glück entstehen. Wissenschaftler bezeichnen damit einen Zustand des Organismus, der die Richtung des Verhaltens beeinflusst und es auf ein Ziel ausrichtet. Um motiviert zu sein, brauchen Sie allerdings ein Motiv. Dieser Grund, sich auf ein Ziel zuzubewegen, entsteht jedoch nur, wenn Sie ein Bedürfnis verspüren und etwas wirklich wollen. Diese Grundmotivation des „Ich will ...“ steckt in jedem. Sie wirkt wie ein Motor, der Sie in Bewegung setzt.

Selbstcoaching

Schreiben Sie eine Verpflichtung, die Sie beruflich oder privat erfüllen, in drei verschiedenen Fassungen untereinander. Zum Beispiel:

1. Ich muss mich angepasst verhalten.
2. Ich kann mich angepasst verhalten.
3. Ich will mich angepasst verhalten.

Lesen Sie diese drei Sätze nun nacheinander langsam und laut vor. Spüren Sie die unterschiedliche Energie, die darin steckt? Satz 3 fühlt sich irgendwie komisch an, oder? Also fragen Sie sich: „Welchen Nutzen habe ich, wenn ich mich angepasst verhalte?“ Und dann sprechen Sie den Satz noch einmal in folgender Fassung: „Ich will mich angepasst verhalten, weil/wenn ...“ (zum Beispiel „... ich dadurch das Arbeitsklima in meiner Abteilung verbessern kann.“)
Wie fühlt sich das an?

2. Die 5 Faktoren der Motivation

Ist Motivation ein Charakterzug? Ein genetischer Code? Weder noch. Ob Sie motiviert oder demotiviert sind, ist das Ergebnis eines Prozesses, den Sie selbst lenken.

Ob dieser Prozess erfolgreich verläuft, hängt von verschiedenen Faktoren ab. Beobachten Sie einmal richtig motivierte Menschen. Was unterscheidet sie von anderen?

Motivation kann man sehen

Motivierte Menschen wissen, was sie wollen, und machen das auch deutlich. Sie erkennen sie an ihrer festen Stimme und ihrer eindeutigen Wortwahl: Statt „vielleicht", „versuchen", „mal sehen" und „man müsste" sagen sie „ich werde ...", „wir wollen ..." oder „um 15.00 Uhr haben Sie die Sachen auf dem Tisch".
Die klaren Worte gehen oft einher mit einer aufrechten Körperhaltung und einem entschlossenen Gang. Kein Wunder: Diese Menschen bewegen sich, auch im übertragenen Sinne, geradewegs auf ihr Ziel zu. Antriebsstärke ist Faktor 1 im Motivationsprozess – und die macht sich auch sprachlich und körperlich bemerkbar.

Was motivierte Menschen noch auszeichnet

Motivierte Menschen verbreiten eine optimistische Stimmung: „Natürlich schaffen wir das, wir haben schon ganz andere Dinge gemeistert!" Sie glauben an ihre Fähigkeit, Probleme zu lösen – und zwar nicht nur bekannte, sondern auch völlig neuartige. Sie glauben an ihre Selbstwirksamkeit. Das ist Faktor 2.

Faktor 3 heißt psychologische Zeit. Entscheidungen erfolgen im Hier und Jetzt. In der Vergangenheit suchen motivierte Menschen vor allem nach positiven Erfahrungen, die bei der Entscheidung helfen. Negative Erinnerungen dienen ihnen als Warnung, werden aber nicht als Hindernis verstanden: „Was stand mir damals im Weg, was muss ich heute anders machen?“

Wer Erfolg haben will, muss auch klug mit Gefühlen umgehen können – sowohl mit den eigenen als auch mit denen der Mitmenschen. Die emotionale Intelligenz, also die Fähigkeit, geschickt mit der ganzen Vielfalt menschlicher Gefühle umzugehen, ist Faktor 4 im Motivationsprozess.

Übung macht den Motivations-Meister

Faktor 5 heißt: Üben, üben, üben! Motivation fällt einem nicht einfach in den Schoß! Das Selbstcoaching, das Sie durch den gesamten Kompass begleitet, unterstützt diesen Lernprozess. Wenn Sie möchten, können Sie damit Ihre inneren Fähigkeiten und Talente entdecken und fördern. So erhöhen Sie Ihre Selbstmotivation enorm – und das ist die stärkste Antriebskraft, die Sie haben.

Selbstcoaching

Betrachten Sie unter diesen Gesichtspunkten Ihr Leben – das berufliche oder private:

- Was gelingt Ihnen richtig gut? Beispiel: Ich kann mich gut selbst motivieren, auch wenn ich mal keine Lust auf eine Aufgabe habe (Antriebsstärke).
- Was möchten Sie ändern? Beispiel: Ich male mir immer gleich aus, was alles schief gehen könnte (psychologische Zeit).
- Welche Konsequenzen ziehen Sie daraus? Beispiel: Ich trainiere, mir vorzustellen, wie es ist, wenn ich eine Aufgabe erfolgreich bewältigt habe.

3. Arten der Motivation

Was motiviert Sie, morgens aufzustehen und zur Arbeit zu gehen? In erster Linie das Geld, das Sie damit verdienen? Oder sind es der Spaß und die innere Befriedigung, die Sie aus Ihrem Beruf ziehen?

Eine Unterscheidung, die es in sich hat

„Ich will…" das ist in der Sprache der Psychologie die intrinsische Motivation, auch Selbstmotivation genannt. Das Gegenteil davon ist die Motivation, die von außen kommt (extrinsische Motivation oder Fremdmotivation).
Kinder sind die besten Lehrmeister für Selbstmotivation: Wie viel „Ich will…" in so einem kleinen Knirps steckt, lässt sich erahnen, wenn er lernt, zu laufen, Worte richtig auszusprechen oder wie der Blitz mit dem Fahrrad durch die Gegend zu düsen. Die Wunde auf dem Knie ist noch nicht verkrustet, die Tränchen sind noch nicht getrocknet – und schon geht's wieder los. Wem es gelingt, diese Neugier und Ausdauer in das Erwachsenenalter hinüberzuretten, der nimmt zugleich die besten Bedingungen für Selbstmotivation mit. Fremd motiviert ist das Kind, wenn es später in der Schule nicht aus Wissensdurst, sondern um der guten Noten willen lernt. Die Folgen sehen Sie, wenn ein tolles Hobby oder die erste Liebe mit der Schule konkurrieren …

Typisch Selbstmotivation, typisch Fremdmotivation

Wenn Sie selbstmotiviert sind,

- handeln Sie selbstbestimmt, wollen Sie eine Sache beherrschen und gut erledigen.

- sind Sie neugierig, spontan und experimentierfreudig.
- halten Sie auch bei Schwierigkeiten durch.
- brauchen Sie weder äußere Anreize noch Drohungen, um sich voll und ganz zu engagieren.

Sind Sie dagegen fremdmotiviert,
- handeln Sie nicht selbstbestimmt, sondern nach Aufforderung und in Erwartung einer Gegenleistung (Geld, Rang, Noten).
- wagen Sie ungern Neues – Sie wollen Erwartungen erfüllen und Anerkennung bekommen.
- erlischt die Motivation, wenn die Gegenleistung nicht ausreichend ist.

Mit der Fremdmotivation ist es wie mit einem Luftballon: Am Anfang ist er groß, bunt und wunderschön. Am nächsten Tag aber sieht er schon schlaffer aus. Und wenn jemand hineinsticht: pffffft – ist die Luft raus.

Selbstcoaching

Aufgaben, für die Sie sich selbst motivieren können, gehen Ihnen in der Regel sehr leicht von der Hand. Versuchen Sie deshalb den Anteil derartiger Aufgaben in Ihrem Alltag zu erhöhen. Das schaffen Sie beispielsweise, indem Sie sich bei einer Anforderung von außen fragen: „Was habe ich davon?" Das kann ein freundliches Wort des Chefs/der Kollegin sein, das Gefühl, es geschafft zu haben, oder eine kleine Belohnung, die Sie sich selbst gönnen. Und: Legen Sie Aufgaben, die Ihnen keinen Spaß machen, nach Möglichkeit so, dass im Anschluss daran etwas Angenehmes auf Sie wartet. Freuen Sie sich zum Beispiel auf das Treffen mit einer lieben Bekannten und erledigen Sie zuvor noch schnell den „Nervkram".

4. Was motiviert uns?

Was bewegt einen Menschen zum Handeln? Je nachdem, um welchen Motivationstyp es sich handelt, sind dazu unterschiedliche Strategien notwendig.

Erkennen Sie die Beweggründe Ihres Handelns

Wenn Sie eine unangenehme Aufgabe erledigen sollen, was motiviert Sie dann mehr: die Aussicht auf eine Belohnung, also Geld, Anerkennung, das Gefühl, es geschafft zu haben? Oder die Angst vor Nachteilen wie Kritik, Lohnkürzung, vertane Karrierechancen? Versuchen Sie herauszufinden, welches die Gründe für Ihr Handeln sind.

„Hin zu"- oder „Weg von"-Typ?

Niemand reagiert immer gleich: Wir alle bewegen uns auf einige Dinge zu und von anderen weg. Doch jeder hat eine vorherrschende Motivationsrichtung. Und welche das bei Ihnen ist, können Sie mithilfe der folgenden Fragen herausfinden:

1. Warum haben Sie Ihren letzten Job, Ihren letzten Partner ... verlassen?
2. Was ist Ihnen an Ihrer Arbeit, in einer Partnerschaft, an einem Auto ... wichtig?
3. Sagen Ihre Antworten eher etwas darüber aus, was Sie wollen oder was Sie nicht wollen?

Menschen mit einem „Hin zu"-Muster sind in der Regel stark selbstmotiviert und erfolgsorientiert. Sie wirken allerdings manchmal auch ein wenig naiv, weil sie die Hindernisse eines Vorhabens nicht in Betracht ziehen. Im Extremfall produzieren sie so die kleinen und großen Alltagskatastrophen.
„Weg von"-Typen sind dagegen meist von außen motiviert und wahre Meister darin, Probleme zu erkennen und Krisen

zu bewältigen. Sie können ihr Team oder ihre Familie daher gut vor Gefahren beschützen. Aber: Wenn „Weg von"-Typen nicht kontrolliert werden oder der befürchtete Nachteil nicht groß genug ist, fällt unter Umständen ihre gesamte Motivation in sich zusammen.

Typgerechte Motivationsstrategien

Da Sie nun wissen, welcher Motivationstyp Sie sind, wissen Sie auch, welche Strategie Sie am besten einsetzen können, um sich zu motivieren:

- Ein „Hin zu"-Mensch wird vor allem durch Nutzen und Freude motiviert. Ängste oder Disziplinarmaßnahmen können „Hin zu"-Typen kaum nach vorn bringen.
- „Weg von"-Menschen motiviert es am stärksten, wenn sie unangenehme Dinge vermeiden oder schnell hinter sich lassen können. Sie bringen zum Beispiel mehr Leistung, wenn ihnen Sanktionen drohen oder sie ein Projekt schnell beendet haben wollen.

Selbstcoaching

- Als „Weg von"-Typ laufen Sie leicht Gefahr, sich von allen nur vorstellbaren Schwierigkeiten ablenken zu lassen. Ihr Lernziel lautet daher: Prioritäten setzen. Sie steigern Ihre Selbstmotivation, indem Sie sich mehr auf das gewünschte Ergebnis konzentrieren und nur noch wirklich wichtige Probleme berücksichtigen.
- Als „Hin zu"-Typ stabilisieren Sie Ihre ausgeprägte Selbstmotivation, indem Sie mögliche Gefahren mit einkalkulieren. Fragen Sie sich: „Wird das, was ich will, funktionieren? Was kann schief gehen? Woran muss ich denken?" Für Sie ist es gut, sich hin und wieder einen „Weg von"-Typ als Berater zu nehmen.

5. Arbeit und Leben in Balance

Eine wichtige Voraussetzung für langfristige Motivation ist ein ausgeglichener Energiehaushalt. Motiviert sind Sie nämlich nur, wenn Sie sich gesund und fit fühlen.

Ihre innere Batterie

Jeder Mensch hat nur ein begrenztes Energiereservoir, mit dem er klug wirtschaften muss. Denn mit einer leeren „inneren Batterie" ist Motivation nicht möglich. Stellen Sie sich Ihren Energiehaushalt wie einen Tank mit fünf miteinander verbundenen Kammern vor:

- Die 1. Energiekammer dient dem reinen Überleben (Nahrungsaufnahme, Atmen, Stoffwechsel).
- Die 2. Energiekammer dient Ihrem psychischen Wohlbefinden (Selbstwertgefühl).
- Die 3. Energiekammer ist für das Lernen, die Aufnahme neuer Informationen und Impulse zuständig.
- Die 4. Energiekammer beinhaltet den Stoff, aus dem Motivation gemacht wird. Ist diese Kammer voll, sind Sie motiviert für die Arbeit und können zugleich Ihre Freizeit in vollen Zügen genießen.
- Die 5. Energiekammer ist Ihr „Reservetank". Er sollte am besten gar nicht oder höchstens vorübergehend beansprucht werden. Benötigen Sie ihn doch einmal, ist es wichtig, ihn durch Urlaub oder eine Kur sofort wieder aufzufüllen.

Energiereserven nachfüllen

Die Kammer 1 verlangt zuallererst Energie – und zieht sie zur Not aus den anderen Kammern ab. Dann folgen der Reihe nach die Kammern 2, 3 und 4. Auch sie entnehmen Energie aus der nächsthöheren Kammer. Das bedeutet: Wenn Sie krank (1) oder mehr als nur gelegentlich einmal betrübt, vielleicht sogar depressiv sind (2), benötigen Sie dafür sehr viel Energie. Und die wird zunächst aus den Energiekammern 3 und 4 geholt. Sind auch diese leer, müssen Sie regelmäßig Ihre Energiereserven (5) angreifen: Es entsteht das so genannte Burn-out-Syndrom, das Gefühl, ausgebrannt zu sein. Wenn Sie jedoch fit, gesund und selbstbewusst sind, kann die Energie der 4. Kammer ungehindert sprudeln.

Deshalb ist es so wichtig, dass die Balance zwischen Beruf, Familie und Freunden sowie Freizeit, Gefühl, Gesundheit, kulturellen und spirituellen Bedürfnissen stimmt. Sie ist eine der wesentlichen Voraussetzungen für dauerhafte Motivation.

Selbstcoaching

- Können Sie sich nach der Arbeit innerhalb von höchstens 30 Minuten erholen oder fühlen Sie sich den ganzen Abend völlig ausgelaugt?
- Können Sie sich in Familie/Partnerschaft/Freundeskreis so geben, wie Sie sind, oder spielen Sie den Sonnenschein, egal, wie es Ihnen geht?
- Haben Sie in Ihrer Freizeit Spaß oder langweilen Sie sich?
- Schlafen Sie schnell ein und die Nacht durch oder grübeln Sie und wachen häufiger auf?
- Können Sie eine Treppe problemlos hinaufspurten oder geraten Sie schnell aus der Puste?

Die Antworten auf diese Fragen zeigen Ihnen, wie es um Ihre persönliche Work-Life-Balance bestellt ist. Ergeben sich hier Defizite, besteht akuter Handlungsbedarf. Lassen Sie sich dabei gegebenenfalls von einem persönlichen Coach oder – zum Beispiel bei einem Burn-out-Syndrom – von einem erfahrenen Psychotherapeuten helfen.

6. Der Glaube an sich selbst

Kaum etwas motiviert uns so wie der Glaube an den eigenen Erfolg. Er wirkt wie ein Befehl an unser Gehirn, die Dinge in die richtige Richtung zu lenken.

Manche Menschen glauben, dass die Verhältnisse um sie herum, also die Umwelt bestimmt, was geschieht. Andere meinen dagegen, sie bestimmen die Verhältnisse. Und was glauben Sie? Markieren Sie auf der folgenden Skala, wie Sie sich einschätzen:

„Ob ich Erfolg habe oder nicht, hängt vor allem von mir ab. Ich ‚mache' die Verhältnisse."

„Ob ich Erfolg habe oder nicht, hängt vor allem von den gegebenen Verhältnissen ab."

Schicksal oder eigener Erfolg?

Die beiden Formulierungen geben zwei „Glaubenssätze" wieder, die ein wichtiger Gradmesser für Motivation sind:

- Wenn Menschen glauben, dass sie mit ihren Handlungen die erwünschten Resultate bewirken können, sind sie von ihrer „Selbstwirksamkeit" überzeugt. Sie sind aktiv, schaffen Neues und treiben die Dinge voran. Diese Menschen sind hoch motiviert und in der Regel auch sehr erfolgreich.
- Wer davon überzeugt ist, dass Erfolg eher mit Glück oder Zufall zu tun hat, kann sich schwerer motivieren. Denn aus seiner Sicht ist es eigentlich egal, was er unternimmt: Die eigenen Handlungen sind schließlich nicht Auslöser von Erfolg oder Misserfolg. Diese Menschen sind eher passiv und möchten am liebsten, dass jemand ihnen sagt, was sie tun sollen.

Die Kraft von Glaubenssätzen

Solche Glaubenssätze sind weitgehend unbewusst und beruhen auf verallgemeinerten persönlichen Erfahrungen oder Fremdbewertungen. Sie wirken deshalb so nachhaltig, weil sie meist keiner Realitätsprüfung standhalten müssen – sie gelten für die betreffende Person einfach. Gegenteilige Erfahrungen werden als Ausnahmen abgetan oder getilgt.

Glaubenssätze sind mächtige Befehlshaber des Gehirns. Sie können Sie darin bestärken, dass Sie erreichen, was Sie sich vorgenommen haben. Genauso gut können solche Überzeugungen Sie aber auch lähmen. Es klingt verrückt, ist aber wahr: Ob Sie nun glauben, dass Sie etwas tun können, oder ob Sie glauben, dass Sie es nicht können – Sie werden in jedem Fall Recht behalten!

Lenken Sie Ihre Gedanken

Wenn Sie sich also nachhaltig motivieren wollen, überlassen Sie das, was Sie über sich selbst glauben, nicht dem Zufall. Nutzen Sie Ihre Fähigkeit, Glaubenssätze so zu verändern, dass diese Sie nicht begrenzen, sondern bestärken.

Selbstcoaching

Hören Sie bewusst auf Ihren inneren Dialog, wenn Sie vor schwierigen Aufgaben stehen und schreiben Sie alles auf, was Sie zu sich selbst sagen, zum Beispiel „Das schaffe ich niemals" oder „Ich bin ein Versager". Schreiben Sie nun jede negative Aussage um, beispielsweise so: „An Hindernissen kann ich wachsen", „Ich werde dieses Problem lösen" ...

Wann immer Ihr innerer Dialog künftig negative Aussagen enthält, ersetzen Sie diese bewusst durch positive. Atmen Sie dabei tief durch, und wiederholen Sie die positive Aussage noch einmal.

7. Motivieren mit Herz und Verstand

Ein Lächeln, ein Lob, eine kleine Geste: Damit motivieren Sie sich und andere nachhaltig – auf emotional intelligente Art. Und das am besten täglich!

Die eigene Sicht – und die der anderen

Emotionale Intelligenz ist die Fähigkeit, sich selbst und andere differenziert wahrzunehmen. Menschen mit ausgeprägter emotionaler Intelligenz sind in der Lage, Selbst- und Fremdwahrnehmung auszubalancieren. Ein Beispiel:

1. Denken Sie an einen Menschen, über den Sie sich ärgern, weil es Ihnen einfach nicht gelingt, ihn zu etwas zu motivieren.
2. Selbstwahrnehmung: Fragen Sie sich, warum es Ihnen so wichtig ist, dass er diese Sache in Angriff nimmt. Welche Gefühle haben Sie, wenn er derart unmotiviert ist?
3. Fremdwahrnehmung: Versetzen Sie sich nun in diesen Menschen und finden Sie heraus, warum es Ihnen nicht gelingt, ihn zu motivieren: Haben Sie zu wenig Überzeugungskraft? Ist die Aufgabe für ihn uninteressant beziehungsweise zu einfach? Fühlt er sich überfordert und hat Angst davor, zu versagen?

Diese kleine Übung zeigt sehr schön, was emotionale Intelligenz bedeutet: Sie fordern nicht einfach nur und bestrafen bei Nichterfüllung, sondern Sie berücksichtigen auch die Motive, die Ihr eigenes Verhalten und das des anderen steuern. Und Sie reagieren darauf, indem Sie dem anderen genau das geben, was er gerade braucht: ein Lächeln, ein Lob, eine freundliche Geste, eine Hilfestellung …

Schärfen Sie Ihre Selbstwahrnehmung

Emotionale Intelligenz bedeutet aber auch, die eigenen Gefühle und Reaktionen zu erkennen und zu steuern: Viele Menschen können zwar die Gefühle anderer ganz gut verstehen, aber die eigenen Reaktionen und Emotionen sind für sie ein Buch mit sieben Siegeln. Diese Menschen verspüren zwar manchmal Tatendrang und Energie; andere Aufgaben aber laugen sie völlig aus und demotivieren sie.
Wäre es nicht schön, wenn Sie ganz bewusst ein Lächeln verschenken könnten, obwohl Sie einige Minuten zuvor noch Ärger hatten – mit dem Ihr derzeitiger Gesprächspartner gar nichts zu tun hat? Die folgende Übung hilft Ihnen, Ihre Selbstwahrnehmung zu schärfen, Ihre eigenen Demotivationsstrategien zu erkennen und sie zu überwinden.

Selbstcoaching

1. Denken Sie an eine Aufgabe, zu der Sie überhaupt keine Lust haben. Schreiben Sie auf, welche Gefühle Sie entwickeln, wenn Sie an diese Arbeit denken.
2. Zählen Sie nun all jene Eigenschaften auf, die Sie zu dieser Aufgabe befähigen, zum Beispiel Fleiß, Durchhaltevermögen, Ihre Ausbildung, Gründlichkeit ... Achten Sie auch dabei auf Ihre Gefühle.
3. Wenn Schritt 2 noch nicht ausreicht: Denken Sie an einen Menschen, dem diese Arbeit Spaß machen würde. Welche Gefühle entwickelt er? Was genau macht ihm Spaß?
4. Erarbeiten Sie einen Plan, wann, in welchem Zeitraum und in welcher Reihenfolge Sie die Arbeit erledigen wollen – und womit Sie sich anschließend selbst belohnen.

8. Die Zeitperspektive erkennen

Jeder Mensch hat ein eigenes inneres Zeitgefühl. Wenn Sie sich oder andere motivieren wollen, dann ist das auch eine Frage des richtigen Zeitrahmens.

Das persönliche Zeitfenster

Auf unser Leben geschaut, können wir drei große Zeitfenster ausmachen: Vergangenheit, Gegenwart und Zukunft. Individuelles Zeitgefühl bedeutet, dass sich jeder Mensch auf eines dieser Fenster besonders konzentriert. Welches ist Ihr Zeitfenster? Der folgende kleine Test verrät es Ihnen.

Stellen Sie sich vor, Sie hätten nach Jahren ein Klassentreffen. Worüber würden Sie am liebsten reden? Was würden Sie in der wenigen zur Verfügung stehen Zeit gerne erfahren wollen? Würden Sie

- alte Erfahrungen austauschen und eventuell offene Fragen klären?
- wissen wollen, was die anderen derzeit tun und wie sie leben?
- etwas über Zukunftspläne, neue Ideen und Lösungen wissen wollen?

Welche Art von Gespräch würde Sie eher langweilen, und an welchem würden Sie sich am liebsten beteiligen? Wenn Sie sich für alle Themen interessieren – stellen Sie sich einfach vor, es ist nur Zeit für eines. Welches würden Sie wählen?

Durch das richtige Fenster sehen

Und was hat das mit Motivation zu tun? Ganz einfach: Manche Menschen motivieren sich, indem sie sich erinnern, wie sie eine ähnliche Herausforderung in der **Vergangenheit**

erfolgreich bewältigt haben. Andere motivieren sich dadurch, dass sie sich auf die Lösung der Aufgabe freuen oder neugierig darauf sind: Der Impuls für die Motivation entspringt einem momentanen Gefühl, also der **Gegenwart.** Und wieder andere motivieren sich damit, dass sie über die langfristigen Auswirkungen der gelösten Aufgabe nachdenken – zum Beispiel ein neues interessantes Projekt in Angriff nehmen zu können, die Chance, eine neue Stufe auf der Karriereleiter zu erklimmen, das Gefühl der Zufriedenheit. Sie orientieren sich an der **Zukunft.**
Das bedeutet: Wer motivieren will, muss das richtige Zeitfenster kennen, um die Richtung der Motivation zu bestimmen. Haben zwei Menschen das gleiche Zeitfenster, ist das ganz einfach – sie „schauen in die gleiche Richtung".

Selbstcoaching

Stellen Sie sich vor, Sie sollten sich für eine Aufgabe motivieren, die Ihnen keinen Spaß macht, aber trotzdem unbedingt erledigt werden muss. Beantworten Sie die folgenden Fragen und achten Sie dabei auf Ihre Gefühle:

1. Erinnern Sie sich an eine ähnliche Aufgabe in der Vergangenheit, die Sie erfolgreich bewältigt haben. Wird das Gefühl besser?
2. Stellen Sie sich vor, wie Sie diese Aufgabe jetzt erfolgreich erledigen. Wird das Gefühl besser?
3. Stellen Sie sich vor, Sie haben die Aufgabe erledigt und können sich nun einer Sache widmen, die Ihnen Spaß macht. Wird das Gefühl besser?

Sie können diese Übung auf jede beliebige Situation anwenden und werden so erkennen, durch welches Zeitfenster Sie blicken müssen, um sich dafür richtig zu motivieren.

9. „Ich will …" – Leistungsbereitschaft

„Ich will…" – das ist die erste Voraussetzung für Motivation. Und das bedeutet, dass nur Sie den ersten Schritt machen können! Hier ist Ihre Willenskraft gefragt.

Die drei Voraussetzungen für Motivation

Unsere Leistung hängt im Wesentlichen von drei Faktoren ab:

1. Wollen: Damit ist die Leistungsbereitschaft eines Menschen gemeint.
2. Können: Hier geht es um die Leistungsfähigkeit.
3. Dürfen: Das betrifft die Leistungsmöglichkeit, also die Arbeitsbedingungen und das Umfeld.

Die Grundlage jeder Motivation ist Ihr eigenes Streben, sich auf attraktive, herausfordernde Ziele zu konzentrieren und sich selbst immer wieder anzufeuern. Ihre Leistungsbereitschaft liegt in Ihrer eigenen Verantwortung! Hilfe von außen kann nur bei den Faktoren „Können" und „Dürfen" erfolgen.

Von der Bereitschaft zur Begeisterung

Wenn wir leistungsbereit sind, bewegen wir uns. Energie beginnt zu fließen – vielleicht nur zögerlich, aber spürbar. Schade, wenn das schon alles wäre. Denn Bereitschaft ist noch nicht Motivation. Motivation ist der Raum zwischen Bereitschaft und totaler Begeisterung. Und je begeisterter Sie von einer Aufgabe sind, desto motivierter sind Sie.
Was aber, wenn die Aufgabe langweilig, der Chef muffelig, das Büro miefig ist und Sie diesen Job trotzdem jetzt brauchen? Dann machen Sie sich eines klar: Es gibt in einer der-

artigen Situation nur ein Element, das Sie kontrollieren können: sich selbst! Und das führt Sie direkt zu Ihrem persönlichen Selbstmotivationsprogramm.

Ihr persönliches Selbstmotivationsprogramm

Wie stark ist Ihr Wille, etwas zu tun? Kreuzen Sie auf der Skala an, was für die vor Ihnen liegende Aufgabe zutrifft:

Ich will! Ich will nicht!

- „Ich will" zeigt Ihre Leistungsbereitschaft und setzt in Ihnen mitunter außerordentliche Kräfte frei.
- „Ich will nicht" bedeutet, dass Sie aus eigenem Antrieb keine Motivation entwickeln. Erledigen Sie diese Aufgabe dennoch, müssen Sie sich dazu zwingen. Der Anteil solcher Verpflichtungen sollte deshalb so gering wie möglich sein.

Selbstcoaching

Um die Zahl der Will-nicht-Aufgaben zu verringern, setzen Sie auf der Skala jeweils ein Kreuz für jede anstehende Aufgabe. Beginnen Sie am besten gleich mit derjenigen, die Sie am meisten nervt. Dann stellen Sie sich folgende Fragen:

- Was nützt es Ihnen (anderen), wenn Sie diese Aufgaben erledigen?
- Was passiert, wenn Sie die Aufgabe nicht erledigen?
- Sind Sie bereit, diesen Preis zu zahlen?
  Ja → Was hindert Sie, etwas anderes zu tun?
  Nein → Also lohnt es sich für Sie, diese Aufgabe zu erledigen. Und was hindert Sie, etwas tun zu wollen, wenn es sich für Sie lohnt?

10. „Ich kann ..." – Leistungsfähigkeit

„Ich kann ..." – das ist die zweite Voraussetzung für Motivation. Hier geht es um Ihre Fähigkeiten, die Sie durch lebenslanges Lernen ständig erweitern können und das auch tun sollten.

Hard Skills, Soft Skills – wie fit sind Sie?

Stellen Sie sich einen Menschen vor, der Auto fahren möchte, dies aber nicht kann: Motivation ohne die Fähigkeit, etwas zu tun, ist nutzlos.
Stellen Sie sich nun einen Menschen vor, der einen Führerschein besitzt, auch gerne fahren würde, aber das Auto trotzdem nicht nutzt – aus Angst vor einem Fehler, vor einem Unfall oder vor dem unübersichtlichen Straßenverkehr: Motivation ohne Glaube an sich selbst nützt ebenfalls nichts.
Das eine sind die Fachkenntnisse – alles, was Sie an Wissen und Fertigkeiten brauchen. Dazu muss aber auch Ihre emotionale Kompetenz (→ 7. Motivieren mit Herz und Verstand) kommen. Wie fit sind Sie auf diesen beiden Gebieten?

Tipp

Viele Unternehmen bieten ein firmeninternes Weiterbildungsprogramm an. Andere wiederum fördern ihre Mitarbeiter durch Zuschüsse oder bezahlte Freistellungen. In den meisten Bundesländern gibt es darüber hinaus das Recht auf bezahlten Bildungsurlaub. Fragen Sie einfach Ihre Personalabteilung oder auch den Betriebsrat.

Lebenslanges Lernen als Schlüssel zum Erfolg

Viele Menschen glauben, sie wären mit dem Ende ihrer Ausbildung oder ihres Studiums „fertig". Mit dieser Auffassung sind sie vermutlich in einigen Jahren auch tatsächlich „fertig" – und zwar mit den Nerven, weil ihnen die Arbeit keinerlei Herausforderungen mehr bietet.

Lebenslanges Lernen ist die Voraussetzung für lebenslange Motivation und Erfolg – und zwar in vielerlei Hinsicht:

- Sie halten sich fit für Ihren Job. Damit sichern Sie ihn, werden souveräner und erhöhen Ihre Karrierechancen.
- Wenn Ihr Job Sie anödet, verschaffen Sie sich durch Lernen neue intellektuelle Herausforderungen. Und der Lernerfolg eröffnet Ihnen zusätzliche Wahlmöglichkeiten.

Selbstcoaching

Machen Sie eine Bestandsaufnahme Ihrer Fähigkeiten. Nehmen Sie dazu je ein Blatt Papier für „Fachkompetenz" und „emotionale Kompetenz" zur Hand und schreiben Sie Ihre tatsächlichen und gewünschten Fähigkeiten auf, die Sie wie folgt unterteilen:

1. Kann ich und interessiert mich.
2. Kann ich und interessiert mich nicht.
3. Kann ich nicht und interessiert mich nicht, brauche ich aber für meinen Job.
4. Kann ich nicht und interessiert mich.

Unter 1. finden Sie Fähigkeiten, die Sie motivieren. Die unter 2. genannten Fähigkeiten brauchen Sie wirklich nur einzusetzen, wenn es sich nicht vermeiden lässt. Interessanter sind die Nummern 3 und 4: Beschaffen Sie sich alle Informationen, die Sie brauchen, um die hier notierten Fähigkeiten zu erlernen.

11. „Ich darf ..." – Leistungsmöglichkeit

„Ich darf..." – Die dritte Voraussetzung für Motivation ist die Freiheit zum selbstbestimmten Handeln. Hier geht es um Ihre Leistungsmöglichkeit.

Typische Motivationsbremsen

Menschen sind zunächst einmal motiviert, davon gehen moderne Verhaltensforscher aus. Bringen Menschen dennoch nicht die erwartete Leistung, so hat sie etwas demotiviert – zum Beispiel ein „Leistungsverbot“:
Carina ist Verkaufsleiterin in einem Unternehmen, das in wirtschaftlichen Schwierigkeiten steckt. Während einer Fortbildung hat sie gelernt, die Probleme unter einem neuen Blickwinkel zu sehen. Sie fordert, dass sich alle Gruppenleiter in so genannten „Visions-Workshops“ auf gemeinsame Ziele verständigen. Der Geschäftsführer hält davon nichts: „Sie müssen die Leute antreiben, nicht mit ihnen diskutieren!“
Was Carina erlebt, sind zwei typische Motivationsbremsen:

1. „Ich will, ich kann – aber ich darf nicht!“ (bezogen auf ihre Idee).
2. „Ich kann, ich darf – aber ich will nicht!“ (bezogen auf das „Antreiben“).

Kennen Sie diese Strukturen aus Ihrem Leben? Dürfen Sie im Beruf wirklich die Leistung bringen, zu der Sie fähig sind? Lassen Partner, Familie und Freunde es wirklich zu, dass Sie sich mit Ihrer ganzen Kreativität entfalten können?

Wie Verbote wirken

Einige Menschen werden durch ein Verbot allerdings erst richtig motiviert. Bei ihnen trifft ein äußeres „Ich darf nicht“

auf ein inneres „Ich darf doch". Mit dieser rebellischen Haltung haben Menschen schon die Welt verändert – oder sind an diesem Widerspruch verzweifelt. Das lässt sich am obigen Beispiel sehr gut zeigen:

1. Carina lässt sich von ihrer Vision nicht abbringen. Sie legt dem Geschäftsführer immer wieder interessante Berichte auf den Tisch und schwärmt den Abteilungsleitern gegenüber von ihren Ideen. Eines Tages lädt sie zu einer kleinen Präsentation. Jetzt zeigt sich auch der Geschäftsführer interessiert und möchte einen Auftakt-Workshop. „Mal sehen, was das bringt", sagt er.
2. Carina startet gegen den Willen des Geschäftsführers mit den Workshops. Der fühlt sich übergangen und stoppt diese Eigenmächtigkeiten. Carina denkt über einen neuen Job nach – denn sie ist fest davon überzeugt, das Richtige getan zu haben. Innerlich hat sie schon gekündigt.

Selbstcoaching

Gestalten Sie ein kreatives Motivationsplakat mit dem Spruch: „Ich gebe in jeder Situation das Beste, das ich kann, mit den Mitteln, die ich habe." Dieses Plakat hilft Ihnen, Ihren Fokus auf die Möglichkeiten statt auf Hindernisse und Verbote zu legen. Schauen Sie immer wieder einmal auf Ihr Plakat und fragen Sie sich in aller Ruhe:

- Will beziehungsweise kann ich mich für meine Vision einsetzen – und wenn ja, wie? Wer unterstützt mich?
- Wenn ich in dieser Frage keine Chance habe, auf welche Dinge, die mir Spaß machen, kann ich mich stattdessen konzentrieren?
- Welche Möglichkeiten habe ich sonst noch? (Einen neuen Job suchen, in einem Hobby einen Ausgleich finden ...)

12. Haben Sie genug Raum zur Entfaltung?

„Ich will – ich kann – ich darf!" Nur im Zusammenspiel ist das der Motor für Motivation und Leistung: Jetzt geht es um Ihre Entfaltungsmöglichkeiten.

Leistungsbereitschaft – Leistungsfähigkeit – Leistungsmöglichkeit

Diese drei Faktoren stehen in Wechselwirkung zueinander. In einem Punkt unterscheiden sie sich allerdings ganz grundsätzlich: Für Ihre Leistungsbereitschaft und Ihre Leistungsfähigkeit sind Sie selbst verantwortlich. Bei der Leistungsmöglichkeit sind Sie in der Regel von anderen abhängig, auf die Sie nur begrenzt Einfluss haben.

Motivieren – aber richtig!

Motivierung, also Methoden, die motivieren sollen, zielen in der Arbeitswelt leider häufig nur auf die Leistungsbereitschaft. Diese soll gesteigert werden. Wenn aber die Unlust durch mangelnde Leistungsfähigkeit oder gar fehlende Leistungsmöglichkeit verursacht wird, läuft jedes Motivierungsprogramm zwangsläufig ins Leere.

Oft entsteht fehlende Leistungsbereitschaft erst durch mangelnde Motivation – nicht umgekehrt. Wer ausschließlich an die Leistungsbereitschaft eines Menschen appelliert, wirkt sogar demotivierend. Denn darin steckt unausgesprochen die Behauptung, der andere sei zu wenig leistungsbereit, also faul. Und wer lässt sich das schon gerne sagen?

Entfalten Sie Ihr Potenzial

Damit ein Mensch seine Motivation steigern kann, braucht er etwas anderes: die Möglichkeit, sein Potenzial zu entfalten. Und wir reden hier nicht über ausufernde Selbstverwirklichung. Nein, es geht vielmehr darum, die Pflichterfüllung und das menschliche Bedürfnis nach Individualität in Balance zu bringen. Das können Sie auf verschiedene Arten erreichen, zum Beispiel, indem Sie:

1. sich, wenn irgend möglich, die Art und Weise, wie Sie den gewünschten Arbeitserfolg erzielen (Verfahren, Mittel, zeitliche Abfolge), selbst aussuchen.
2. Regeln infrage stellen, wenn sie sich als überflüssig erweisen und Ihre Freiheit einschränken.
3. den Zeitanteil, den Sie für schöpferische und selbstständige Tätigkeiten nutzen, so hoch wie nur irgend möglich ansetzen.
4. auch nach Aufgaben und Projekten jenseits Ihres festgelegten Aufgabenbereichs suchen, die Sie aufgrund Ihrer Talente und Neigungen für besonders interessant und herausfordernd halten.
5. sich immer auf dem Laufenden halten und sich beim Lernen ein „Lebenslänglich" geben.

Selbstcoaching

Eigentlich sollte im Beruf Ihr Arbeitgeber für Raum zur Entfaltung sorgen – denn für den Faktor Leistungsmöglichkeit ist er zuständig. Leider wissen viele Chefs davon aber nichts. Dann müssen Sie aktiv werden. Vergleichen Sie die Punkte 1 bis 5 mit Ihren Möglichkeiten:

- Was können Sie in Ihrem Beruf schon jetzt ganz gut realisieren?
- Welche zusätzlichen Verbesserungen können Sie erreichen?
- Was können Sie in Ihrem Beruf auf gar keinen Fall realisieren? Suchen Sie hierfür einen Ausgleich in Ihrer Freizeit.

13. Was wollen Sie? — Visionen und Ziele

Wenn Sie Ihren eigenen Visionen und Zielen folgen, sind Sie motiviert und werden diese auch erreichen, denn: „Wer das Ziel kennt, findet den Weg." (Laotse)

Was treibt Sie an?

Sind es die täglichen Pflichten? Oder ist es eine Vision, die Sie leben möchten? Ist das Ergebnis Ihres täglichen Handelns eher zufällig, oder folgen Sie einem inneren Plan? Menschen, die sich ihrer Visionen bewusst sind, meistern Schwierigkeiten leichter. Sie arbeiten auch dann motiviert, wenn es einmal keinen Spaß macht – denn sie empfinden lästige Aufgaben nur als etwas steinigere Strecken auf dem Weg zu ihrer Vision.

Erkennen Sie Ihre Vision

Leider finden jedoch nur wenige Menschen einen Lehrmeister, der ihnen zeigt, wie sie ihre Lebensträume entdecken und verwirklichen können. Deshalb leben so viele nach den Lebenskonzepten anderer, fühlen sich wenig motiviert und oft frustriert. Wie aber erkennen Sie Ihre Visionen? Gehen Sie auf eine kleine Zeitreise …

Begeben Sie sich in Ihrer Fantasie in die Vergangenheit. Erinnern Sie sich an eine Situation, in der Sie ein tiefes inneres Gefühl für etwas hatten, das Sie erreichen wollten: einen Job, andere Lebensbedingungen, einen neuen Partner … Wie haben Sie damals entschieden? Haben Sie Ihren Traum beiseite geschoben und gedacht: „Das wird sowieso nichts!“ Oder haben Sie Ihre Vision wahr werden lassen?

Und wie sieht das heute aus? Welcher Vision folgen Sie jetzt? Und fördert das, was Sie beruflich und privat tun, die Erfüllung Ihrer Vision? Brauchen Sie zum Beispiel Ihren Job, um das Geld zu verdienen, damit Sie privat Ihre Visionen leben können? Brauchen Sie Ihre Familie, weil sie Ihnen emotionale Sicherheit gibt, damit Sie im Job Ihre Visionen erfüllen können? Wenn Sie Single sind, haben Sie sich bewusst dafür entschieden oder widerspricht das Ihrer Vision? Wenn Sie arbeitslos sind, folgen Sie dennoch Ihren Visionen, oder haben Sie schon aufgegeben?

Horchen Sie öfter mal in sich hinein

Die Fähigkeit zu innerer Einkehr hilft Ihnen, Ihre Visionen zu erkennen und zu verwirklichen. Wir empfehlen Ihnen daher, ein Verfahren wie beispielsweise Meditation oder autogenes Training zu erlernen. Wenn Sie darin bereits Erfahrung haben, wird Ihnen das folgende Selbstcoaching leichtfallen. Wenn nicht, bekommen Sie eine Ahnung, wie wohltuend und motivierend diese Art von Mentaltraining sein kann.

Selbstcoaching

Gehen Sie noch einmal auf Zeitreise, diesmal in die Zukunft. Träumen Sie, wie Sie sich Ihr Leben in einem, zwei und fünf Jahren wünschen. Nutzen Sie dazu folgenden Trick: Stellen Sie sich vor, Ihre Vision sei wahr – jetzt! Was sehen, hören und fühlen Sie? Und nun vertiefen Sie dieses sinnliche Erleben. Nehmen Sie sich dazu viel Zeit. Eine ruhige klassische oder meditative Musik unterstützt Sie dabei. Bringen Sie diese Vision anschließend in Worten zu Papier oder malen Sie ein Bild. Das Ergebnis wird Ihre tägliche Wahrnehmung verändern. Sie werden künftig hellwach alle Informationen aufnehmen, die der Realisierung Ihrer Vision auch nur im Entferntesten dienen können.

14. Welche Rollen liegen Ihnen?

In Ihrem Leben spielen Sie mehrere Rollen. In einigen laufen Sie zur Höchstform auf, in anderen machen Sie keine so gute Figur … Aber kennen Sie alle Ihre Rollen?

Das Leben ist eine Bühne

Herr Kunze ist Chef einer großen Firma, die viele Patente hält. Er ist Boss, Entwickler, Verhandlungspartner, und manchmal schlüpft er auch in mehrere Rollen gleichzeitig. Auf der beruflichen Bühne ist er ein hervorragender Regisseur, der sich genau überlegt, welche Rolle er wann spielt und in welchen Rollen seine Mitarbeiter am besten zum Einsatz kommen. Und je stimmiger das alles ist, desto größer ist seine Motivation. Treten Störungen auf, besetzt er die Rollen einfach um beziehungsweise neu.
Wenn er nach Hause kommt, betritt er jedoch die Bühne „Privatleben“. Hier führt seine Frau die Regie und teilt ihm seine Rollen zu. Die Befriedigung, die er auf der Bühne „Beruf“ erfährt, weicht einem Gefühl von Desinteresse. Und da er sich seine Rollen nicht aussuchen kann, ist er auch nicht sonderlich motiviert, sie gut zu spielen.

Die Rollen Ihres Lebens

Auch Sie spielen in mindestens zwei großen Lebensbereichen (Bühnen) unterschiedliche Rollen: Bühne 1 heißt „Beruf“ und Bühne 2 „Privatleben“. Einige Rollen spielen Sie auf beiden Bühnen, andere nur auf einer. Auch wechseln Sie manchmal zwar die Bühne, aber nicht die Rolle. Zum Beispiel, wenn Sie als Lehrerin abends im Restaurant Ihre Freunde nerven, weil Sie dozieren, statt zu kommunizieren.

Motiviert sind Sie vor allem für Rollen, deren Text Sie beherrschen, die zu Ihnen passen und die Sie sich ausgesucht haben. Wenn Sie eine Rolle spielen, die Ihnen nicht gefällt oder für die Sie nicht ausreichend geprobt haben, fühlen Sie sich nicht wohl. Und das merkt auch das Publikum.
Bestimmen Sie Ihre beruflichen Rollen doch einmal genauer: sowohl die selbst gewählten als auch die, die Ihnen jemand übergestülpt hat. Und finden Sie heraus, welche Rollen Sie gerne spielen, in welchen Sie wirklich motiviert sind – und in welchen nicht.

Selbstcoaching

Machen Sie sich bewusst, welche Rolle Sie in Ihrem Berufsleben spielen, und hinterfragen Sie diese.
Zum Beispiel:

- Rolle „Vorgesetzter“: Wenn Ihre Rolle verlangt, dass Sie andere anleiten, haben Sie dies gelernt? Fühlen Sie sich in dieser Rolle wohl oder müssen Sie noch lernen, sie wirklich auszufüllen?
- Rolle „Kommunikation“: Gibt Ihr Beruf Ihnen ausreichend Gelegenheit, sich mit anderen auszutauschen? Sind Sie dabei eher Redner oder Zuhörer? Und gefällt Ihnen diese Rolle?
- Rolle „miteinander spielen“: Gibt Ihnen Ihr berufliches Umfeld die Möglichkeit zu „spielen“, kreativ zu sein, eigene Gedanken zu entwickeln, Spaß zu haben?

Spielen Sie zum Ausgleich auf der Bühne „Privat“ ganz bewusst die Rollen intensiver, die auf der Bühne „Beruf“ zu kurz kommen. Wenn Sie in eine Rolle erst hineinwachsen müssen, nutzen Sie Seminare oder einen Coach. Natürlich können Sie sich die gleichen Fragen auch für Ihr Privatleben stellen.

15. Ziele und Rollen in Einklang bringen

Wenn Sie Ihre Rollen gerne und gekonnt spielen, werden Sie Ihre Ziele leicht erreichen. Gönnen Sie sich deshalb genügend Zeit für die Probe.

Wenn die Rolle zur Last wird

Kathy ist eine Bereicherung für ihr Team, bringt immer wieder neue Ideen ein und kann andere motivieren. Ihr Chef beobachtet das schon eine ganze Weile und stellt fest, dass der derzeitige Teamleiter die Dinge gerne auf die lange Bank schiebt und lieber über Unmöglichkeiten als über Chancen redet. Das neue Projekt erfordert jedoch innovatives Denken. Kurz entschlossen ernennt er Kathy zur Teamleiterin.

Nach kurzer Zeit aber treten Spannungen im Team auf. Das Engagement einiger Kolleginnen lässt nach. Kathy, der sehr an Harmonie gelegen ist, schluckt den Ärger herunter und macht die Arbeit der anderen lieber mit. Nach einigen Wochen ist auch ihre Motivation dahin. Was ist geschehen?

Kathy hat eine Vision und ein Ziel. Sie hat gute Ideen und die Fähigkeit, diese einzubringen und umzusetzen. Sie ist darüber hinaus in der Lage, sowohl zu führen als auch sich führen zu lassen – also ihre Rolle in der Hierarchie auf verschiedene Weise zu spielen. Sie ist als Frau anerkannt und beliebt. Alle Rollen auf der Bühne „Beruf" sind gut besetzt, und Kathy ist hoch motiviert – bis ihr zusätzlich eine neue Rolle in der Hierarchie übertragen wird.

Jetzt spielt Kathy nicht mehr überzeugend, denn sie hat nicht geprobt, Chefin zu sein. Im Gegenteil: Diese Rolle und die damit verbundenen Erwartungen lösen in ihr einen Wertekonflikt aus. Kathy ist viel lieber Kollegin und gleichberechtigte Impulsgeberin. Nun aber muss sie andere anleiten, muss Konflikte aushalten und bestimmen, was getan wird. Kathy fühlt sich überfordert und ist frustriert, weil ihr Harmoniebedürfnis gestört ist.

Rechtzeitig gegensteuern

Ein Mensch ist nicht besonders motiviert, wenn er eine Fähigkeit erlernen oder anwenden soll, die seinen Werten widerspricht. Ganz im Gegenteil, das kann stark demotivieren und letztlich sogar das angestrebte Ziel infrage stellen. Denn aus dieser Sorte Demotivation wird leicht Aversion (→ 1. Was ist Motivation?).

Wenn Sie das erleben, sollten Sie schnell einen Kurswechsel einleiten. Aber wie? Viele Menschen glauben, dass entweder die Umstände oder das Ziel verändert werden müssten. Das mag manchmal der Fall sein, oft genügt es aber schon, eine neue Rolle nur lange genug vorher zu proben. Was wäre bei Kathy wohl anders gelaufen, wenn sie Gelegenheit gehabt hätte, eine Intensivschulung zum Thema „Mitarbeiterführung" zu besuchen, bevor sie Teamleiterin wurde?

Selbstcoaching

Wie ist das bei Ihnen? Stehen Ihre Ziele in einem angemessenen Verhältnis zu den Rollen, die Sie ausfüllen wollen beziehungsweise können? Wenn ja, ist alles in Ordnung. Können Sie aber bestimmte Ziele nur schwer erreichen, wenn Sie Ihre Rolle weiterhin so spielen, prüfen Sie bitte, wie Sie Ihre Ziele und Ihre Rollen in Übereinstimmung bringen können.
Beantworten Sie dazu folgende Fragen:
Welche Vor- und Nachteile ergeben sich, wenn

1. Sie Ihr Ziel verändern/aufgeben?
2. Sie Ihre Rolle aufgeben?
3. Sie Ziel und Rolle beibehalten, für Ihre Rolle jedoch besser trainieren?

16. Einen Zielvertrag abschließen

Wenn Sie Ihre Vision praktisch umsetzen wollen, formulieren Sie ein Ziel. Und dann stellen Sie Verbindlichkeit her – in einem Vertrag mit sich selbst.

Damit ein Ziel auch wirklich eine anziehende und motivierende Wirkung hat, muss es einige Kriterien erfüllen:

Der Zielinhalt

- Formulieren Sie positiv, sagen Sie also klar, was Sie möchten: „Ich will hin zu ...“ statt „Ich will weg von ...“ oder „Wir wollen, dass ...“ statt „Wir wollen nicht, dass ...“
- Beteiligen Sie sich aktiv. Liegt es im Einflussbereich anderer, ob Sie das Ziel erreichen können, dann geraten Sie schnell in eine Sackgasse. Das ist die typische Situation von Menschen, die wollen, dass sich das Gegenüber ändert. Beispiel: „Ich möchte, dass mein Kind gute Noten nach Hause bringt.“ Wie wäre es stattdessen mit: „Ich werde folgende Maßnahmen treffen, um meinem Kind gute Leistungen zu ermöglichen: ...“

Der Zielrahmen

- Wählen Sie angemessene Ziele. Ein zu großes Ziel kann ebenso demotivierend sein wie ein zu kleines. Es ist sinnlos, für unerreichbare Ziele Energie zu verschwenden. Andererseits bleibt immer alles Mittelmaß, wenn Sie Ihre Ziele zu niedrig ansetzen. Ein zunächst scheinbar zu großes Ziel wird realistischer, wenn Sie es in verschiedene Unterziele aufteilen.
- Setzen Sie sich einen Termin. Legen Sie einen genauen Zeitpunkt fest, bis wann das Ziel erreicht sein soll. Seien

Sie auch hierbei realistisch und setzen Sie sich nicht unnötig unter Druck. Legen Sie fest, was Sie hören, sehen (messen, wiegen) oder fühlen werden, wenn Sie das Ziel erreicht haben.

Die Wertefrage

Ist das Ziel ethisch korrekt und stimmt mit Ihren Werten überein? Gibt es Nebenwirkungen, die Sie nicht wollen? Manchmal demotivieren Menschen sich, weil sie die Nebenwirkungen ihres Zieles fürchten. Beispiel: Carla will lernen, Konflikte offen anzusprechen. Sie hat jedoch Angst, dass sie dann nur noch Streit mit ihrem Freund hat und er sie deshalb verlässt. Hier stimmen die Bedingungen noch nicht. Vermutlich wird Carla erst der Frage nachgehen müssen, ob die Angst vor dem Verlassenwerden nicht schwerer wiegt als ihr Ziel, Konflikte auszutragen.

Selbstcoaching

Schließen Sie mit sich selbst einen Vertrag über das Ziel, das Sie erreichen wollen. Beispiel: „In 12 Monaten verfüge ich über das notwendige Wissen, um mich selbstständig zu machen, und werde die notwendigen Schritte zielgerichtet in Angriff nehmen." Bevor Sie den Vertrag unterschreiben, beantworten Sie noch folgende Fragen:

- Was wird in Ihrem Leben anders sein, wenn Sie Ihr Ziel erreicht haben?
- Was hinderte Sie bisher, Ihr Ziel zu erreichen? Was hindert Sie jetzt? Und worauf weisen Sie diese Einwände hin? Was müssen Sie verändern (Verhalten, Einstellung ...)?
- Welche Ressourcen (Fachkenntnisse, Mut, Hilfen von anderen) brauchen Sie?
- Welche Schritte führen zum Ziel?

17. Ihre Einstellung zählt

Kennen Sie das auch? Ihr Ziel ist klar und alles klappt recht gut – bis plötzlich Ihre Motivation nachlässt. Ein innerer Saboteur war wieder einmal stärker.

Bester Freund oder ärgster Feind?

Woran liegt es, dass die Motivation nachlässt und Sie sich selbst sabotieren? Dafür gibt es mehrere Faktoren. Einige haben Sie bereits kennen gelernt (→ 1. Was ist Motivation?). Zu ihnen tritt Ihre innere Einstellung.
Diese zeigt sich in Ihrem „inneren Dialog“. Alles, was Sie im Leben erreicht oder getan haben, mussten Sie zuerst denken. Etwas tun (oder lassen) können Sie immer erst nach dem inneren Dialog. Die Konsequenz daraus: Sie sind sich durch Ihre Gedanken selbst der größte Feind oder der beste Freund. Ändern Sie Ihr Denken, ändern Sie sich als Mensch.

Die innere Stimme

Wenn Ihre innere Stimme ertönt, dann hören Sie einmal genau hin: Wie ist die Tonlage? Liebevoll, motivierend, fördernd? Oder beißend, kritisierend, schimpfend? Und hören Sie sich selbst, oder spricht in Ihnen eine andere Person, die Ihnen in der Vergangenheit eindrücklich gesagt hat, wie Sie über sich selbst zu denken haben?
Wie ist der Inhalt? Motivieren Sie sich mit magischen Worten wie „Ich will …“, „Ich kann …“, „Ich werde …“? Oder spülen Sie Ihre Motivation weich mit Formulierungen wie: „Ich versuche …“, „Wenn es sich ergibt …“, „Mal sehen…“? Oder demütigen Sie sich gar mit: „Das schaffst du sowieso nicht“, „Wieder versagt“, „Blöder Idiot“ – oder sogar noch ärgeren Grobheiten?

Vielschichtige Psychologie

Ihre innere Einstellung zeigt sich darin, auf welcher psychologischen Ebene Ihr Ziel angesiedelt ist. Diese Ebenen lauten: Umgebung (Ebene 1), Verhalten (Ebene 2), Fähigkeiten (Ebene 3), Werte/Glaubenssätze (Ebene 4), Identität (Ebene 5) und Sinn/Spiritualität (Ebene 6).
Ein Beispiel zur Verdeutlichung: Sie möchten Autofahren lernen. Dazu müssen Sie sich bei einer Fahrschule anmelden (Umgebung), Stunden nehmen und die Prüfungen erfolgreich ablegen (Verhalten). Dadurch erwerben Sie die Fähigkeit, ein Auto zu steuern. So weit, so gut. Schwierig wird es, wenn Sie glauben, dass Sie niemals ein guter Autofahrer werden. Dann werden Sie das nämlich auch solange nicht, bis Sie diesen Glaubenssatz verändert haben.
Die Ebenen 5 und 6 bezeichnen die inneren Sinngeber. Liegt hier der Grund dafür, dass Sie für eine bestimmte Aufgabe demotiviert sind, dann sollten Sie wirklich die Finger davon lassen. Sarah beispielsweise ist Texterin in einem Verlag, der pornografische Hefte herstellt. Das ekelt sie an, und sie fühlt sich in ihrer Würde als Frau (Ebene 5) gedemütigt. Der einzige seriöse Rat in so einem Fall lautet: Aufhören!

Selbstcoaching

1. Verändern Sie Ihren inneren Dialog: Sprechen Sie wie ein Mensch, der es wirklich gut mit Ihnen meint und an Sie glaubt! Die entsprechende Tonlage können Sie in einer stillen Stunde üben. Formulieren Sie Zweifel in Fragen oder positive Aussagen um (→ 6. Der Glaube an sich selbst).
2. Überprüfen Sie die psychologischen Ebenen Ihres Zieles: Was denken Sie über Ihre Fähigkeiten, das Ziel zu erreichen? Gibt es auf einer übergeordneten Ebene Hindernisse? Wenn ja, welche?

18. Das Prinzip Selbstverantwortung

Warten Sie nicht darauf, dass jemand anders Sie motiviert. Nehmen Sie Ihr Leben selbst in die Hand! Die Macht dazu liegt in Ihren Gedanken.

Ihre Motivation ist letztlich eine Folge Ihrer inneren Einstellung und Ihrer Gedanken. Fremdmotivation kann Eigenmotivation zwar stärken, aber niemand kann Sie mit Motivation „impfen“ – nur Sie selbst.

Motivation ist individuell

Ein kleines Beispiel: Frau Kluge kommt heute mit besonders guter Laune in die Firma. Ihr wurde gestern mitgeteilt, dass Frau Lehmann auf eine wichtige Dienstreise geht. Deshalb darf Frau Kluge die Monatsabrechnung diesmal ganz allein machen. Mit Feuereifer stürzt sie sich in die Arbeit.
Können Sie dieses Engagement nachempfinden? Sicher – wenn Sie gerne mit Zahlen, Daten und Fakten arbeiten. Weniger Verständnis dürften Sie haben, wenn Sie lieber an der großen Linie arbeiten und Konzepte entwickeln. Es geht bei der Frage der Motivation also nicht so sehr um die Aufgabe an sich, sondern vielmehr darum, wie Sie diese bewerten. Und das liegt allein in Ihrer Verantwortung. Diese Aussage mag hart klingen, denn sie nimmt jede Möglichkeit, die Schuld für die eigenen Motivationsprobleme auf andere abzuwälzen. Doch wer das Prinzip der Selbstverantwortung lebt, führt bald ein zufriedeneres und erfüllteres Leben.

Handeln Sie!

Es liegt auch in Ihrer Verantwortung, wie oft und wie lange Sie sich schweigend nervtötende Arbeiten aufdrängen las-

sen. Was hindert Sie denn daran, mit Ihrem Vorgesetzten darüber zu reden, welche Aufgaben Ihnen mehr Spaß machen würden? Klar: Sie können kaum verlangen, nur die „Spaß-Jobs" zu bekommen. Aber es nützt sowohl Ihnen als auch Ihrem Chef, wenn die Aufgaben entsprechend den Talenten aller Mitarbeiter verteilt werden. Auf diese Weise tut jeder mehr Dinge, die ihm Spaß machen – und die Lust, mehr zu leisten, steigt in der gesamten Abteilung.
Wie sieht Ihre Realität aus? Viele Menschen verharren in belastenden Lebens- oder Arbeitssituationen so lange, bis sie krank werden oder ein anderer den unwürdigen Zustand durch eine vermeintlich überraschende Kündigung oder Trennung beendet. Warten Sie nicht, bis es dazu kommt, sondern handeln Sie!

Selbstcoaching

Sie können eine gegebene Situation entsprechend Ihren Wünschen ändern. Vielleicht nicht sofort, aber indem Sie sich auf die gewünschte Veränderung fokussieren, werden Sie diese über kurz oder lang auch herbeiführen. Gehen Sie also folgenden Fragen nach:

1. Können Sie in Ihrem derzeitigen Arbeitsbereich Dinge verändern, die Sie demotivieren? Wenn ja, welche?
2. Wenn Sie keine oder nur unzulängliche Veränderungen vornehmen können, welche Alternativen bieten sich Ihnen? Wie können Sie Veränderungen einleiten?
3. Gibt es derzeit keine Alternativen, akzeptieren Sie die Tatsachen für den Moment, konzentrieren Sie sich auf Entwicklung und ändern Sie Ihre Bewertung der Situation (→ 22. Träumen und Querdenken).

19. Stärken und Talente erkennen

Wissen Sie, welches Ihre Stärken und Talente sind? Nein? Dann wird es höchste Zeit! Je besser Sie sich kennen, umso leichter können Sie sich motivieren.

Sinn-volle Motivation

Wir nehmen die Welt über unsere fünf Sinne wahr, also durch Sehen, Hören, Fühlen, Riechen oder Schmecken. Alle Menschen nutzen einen dieser Sinne stärker als die anderen – was etwas über ihre Stärken und Talente aussagt.
Wenn es Ihnen gelingt, sich auf Aufgaben zu konzentrieren, die Ihren bevorzugten Sinn ansprechen, dann steigt der Spaßfaktor, und Sie können sich viel leichter motivieren. Das Beispiel dreier Kollegen in einer Entwicklungsabteilung soll dies verdeutlichen:

- Susanne liebt es, Übersichten und schriftliche Vorlagen zu erstellen. Vor ihrem geistigen Auge sieht sie das neue Projekt bereits Gestalt annehmen.
- Thomas redet lieber über das Projekt und hört zu. Er kann sich klar ausdrücken und die Dinge auf den Punkt bringen. Und Thomas ist es auch, der dem Management das neue Projekt vorstellt.
- Sabine will, dass die Dinge praktikabel sind. Sie fragt nach Beispielen und spürt, wenn etwas nicht funktioniert. Sie hat oft erlebt, dass die besten Theorien in der Praxis an Kleinigkeiten scheitern. Das will sie verhindern.

Entdecken Sie Ihre Stärken

Sind Sie ein Mensch, der gut visualisieren kann? Erinnern Sie sich an Ereignisse, indem Sie einen inneren Film oder ein Bild sehen? Benutzen Sie häufig Redewendungen wie „Das

sehe ich ein", „Ich sehe keine Perspektive" oder „Das ist doch klar"? Dann sind Sie wahrscheinlich ein Sehtyp.
Oder reagieren Sie empfindlich auf Lautstärke? Hören Sie gerne zu? Neigen Sie im Gespräch oft den Kopf, um den anderen besser zu verstehen? Gebrauchen Sie meist Redewendungen wie „Ich höre ...", „Das klingt gut ...", „Das ist Musik in meinen Ohren ..."? Dann sind Sie wahrscheinlich ein Hörtyp.
Möchten Sie ein Kleidungsstück vor allem anfassen, bevor Sie es kaufen? Brauchen Sie viele Beispiele, um überzeugt zu werden? Verwenden Sie oft Redewendungen wie: „Das fühlt sich gut an", „Ich kann das nicht nachempfinden", „Das empfinde ich wie einen Schlag in die Magengrube"? Dann sind Sie wahrscheinlich ein Fühltyp.

Selbstcoaching

Haben Sie Ihren Typ herausgefunden? Dann notieren Sie nun die Aufgaben, für die Sie besonders stark motiviert sind, und diejenigen, die Sie weniger begeistern. Merken Sie, dass die Projekte, für die Sie sehr stark motiviert sind, Ihrem bevorzugten Sinneskanal entsprechen? Überlegen Sie bei den anderen Aufgaben, welcher Kollege dafür besser geeignet wäre. Oder werden Sie selbst aktiv:

- Sagen Sie sich als Hörtyp innerlich motivierende Worte oder lassen Sie im Hintergrund Ihre Lieblingsmusik laufen.
- Stellen Sie sich als Sehtyp den Inhalt einer Aufgabe wie einen Film vor. Mit der Zeit können Sie von den inneren Bildern ablesen.
- Legen Sie als Fühltyp Dinge, die Sie lieben, so in Ihre Nähe, dass Sie sie berühren können: einen Edelstein, einen schönen Füllfederhalter, ein edles Tuch.

20. Kompetenzen ausbauen

Ohne Fach-, Sozial- und Problemlösungskompetenz nützt Ihnen Motivation nicht viel. Erweitern Sie ständig Ihren Horizont und bleiben Sie auf dem Laufenden.

Gut ist nicht genug

Sabine arbeitet als freiberufliche Journalistin. Ein toller Job eigentlich, aber als ihr eine Festeinstellung als Redakteurin angeboten wird, reizt sie die damit verbundene soziale Sicherheit – sie nimmt an. Schon nach wenigen Wochen stellt sie jedoch fest, dass die Hektik des Redaktionsalltags überhaupt nichts für sie ist. Ihre zuvor brillant geschriebenen Texte werden schlechter, und an die Stelle der Motivation tritt Frust.

Was ist geschehen? Sabine ist eine hervorragende Journalistin – sofern sie bei freier Zeiteinteilung ihre Storys schreiben kann. Diese Fachkompetenz reicht in einem Verlag aber nicht aus. Hier wird von Sabine mehr verlangt: Sie muss mit Menschen zusammenarbeiten, sich mal ins Team einfügen und mal die Führung übernehmen. Das ist Sozialkompetenz. Darüber hinaus muss sie als Redakteurin ganz schnell Lösungen finden, wenn ein angekündigter Text bis Redaktionsschluss nicht vorliegt, denn die Zeitschrift muss trotzdem pünktlich an den Kiosk. Sabine braucht also eine ausgeprägte Problemlösungskompetenz.

Fach-, Sozial- und Problemlösungskompetenz – das sind in einer immer komplexer werdenden Arbeitswelt gleichwertige Faktoren. Sind sie im Ungleichgewicht, leidet die Motivation aller Beteiligten: Denn der Inkompetente stößt immer wieder an seine Grenzen. Und die Kollegen (oder der Partner) empfinden ihn zunehmend als Belastung.

Wie ist es um Ihre Kompetenzen bestellt?

Fachkompetenz

- Sind Sie auf dem neuesten Stand?
- Lesen Sie regelmäßig die einschlägige Fachliteratur?
- Wann haben Sie das letzte Mal eine Fortbildung besucht?

Sozialkompetenz

- Arbeiten Sie gern mit anderen Menschen zusammen?
- Sind Ihre sozialen Beziehungen für Sie eher Zufall, Zwang oder Bedürfnis?
- Wie gut schätzen Sie Ihre Teamfähigkeit ein?
- Fällt es Ihnen leicht, anderen ein Kompliment zu machen?

Problemlösungskompetenz

- Können Sie auch bei Problemen den Mut und die Motivation aufrechterhalten?
- Betrachten Sie Probleme als Herausforderung oder als Belastung, die Sie demotivieren?
- Suchen Sie Hilfe, wenn Sie einmal nicht weiterkommen, oder geben Sie auf?
- Können Sie gut schlichten?

Selbstcoaching

Nutzen Sie die Ergebnisse Ihrer Kompetenzanalyse für Ihre persönliche Entwicklungsplanung:

Ergebnisse	Maßnahmen
Mir fehlt Wissen im Bereich ...	Ich werde die Fortbildung XY besuchen.
Bei Konflikten werde ich leicht nervös.	Ich lese ein Buch zum Thema „Konflikte“.
...	...

21. Suchen Sie Verbündete

Das Erfolgsgeheimnis unserer Zeit lautet Teamwork. In einem Netzwerk zu arbeiten macht Spaß und motiviert. Deshalb: Pflegen Sie Ihre Kontakte!

Eins plus eins macht drei

Als Lilo Petersen die Personalabteilung eines mittelständischen Getränkeherstellers übernahm, gefiel ihr der Umgang der Kollegen untereinander überhaupt nicht. Jeder arbeitete für sich, und die Motivation war genau so im Keller wie die Absatzzahlen.

Lilo erinnerte sich an ihren alten Psychologieprofessor: „Eins plus eins macht drei“, sagte der immer, wenn es um Teamarbeit und Motivation ging. Und tatsächlich, wenn Menschen zusammenarbeiten, ist der Gemeinschaftserfolg größer als die Summe der Einzelerfolge.

Also führte Lilo Petersen Workshops durch, bei denen sich 15 Mitarbeiter verschiedener Hierarchieebenen sowohl mit ihrer eigenen Situation, ihren Visionen und Zielen als auch mit der Zukunft des Unternehmens beschäftigten. Der Erfolg ließ nicht lange auf sich warten. Die Mitarbeiter gingen zugewandter miteinander um, entwickelten gemeinsame Strategien – und die Verkaufszahlen stiegen.

Menschen sind soziale Wesen, deren Motivation und Erfolg davon abhängt, dass sie mit anderen in Kontakt treten und Aufgaben gemeinsam lösen. Doch Sie müssen nicht auf die Personalchefin warten. Wenn von oben keine Impulse kommen, starten Sie doch Ihre eigene „1 plus 1 macht 3“-Strategie: Suchen Sie sich Verbündete, am besten Menschen mit ähnlichen Erfahrungen. Ermutigen Sie sich gegenseitig und tauschen Sie Informationen aus.

Tipp

Vorsicht vor „Jammerzirkeln“: Wo Menschen einander nur ihr Leid klagen und ihre Unlust bestätigen, werden Demotivation und Hilflosigkeit vertieft. Natürlich müssen Probleme besprochen werden – doch die Suche nach Lösungen ist wichtiger.

Hier finden Sie Verbündete

Sie lernen die Menschen für Ihr berufliches Netzwerk leicht beim gemeinsamen Mittagessen in der Kantine, in einer Betriebssportgruppe oder im Rahmen von Vorträgen oder einer Weiterbildung kennen. Auch Berufskollegen aus anderen Betrieben, Schul- oder Studienfreunde können geeignete Verbündete für Sie sein.
Weitere Mitstreiter finden Sie in einer berufsständischen Vereinigung oder – je nach Vorliebe – in einem Verein für Sport, Kultur oder ein anderes Hobby. Auch in Internetforen tauschen Angehörige fast aller Berufs- und Interessengruppen Gedanken aus und unterstützen einander – manchmal sogar mit einem Tipp auf eine freie Stelle (zum Beispiel unter www.xing.com).

Selbstcoaching

Wenn Sie sich leicht selbst entmutigen oder bei anspruchsvollen Aufgaben von Versagensängsten geplagt werden, sollten Sie sich einen Mentor suchen. Das kann eine Führungskraft sein, zu der Sie Vertrauen haben, oder jemand, der eine ähnliche Aufgabe schon einmal gemeistert hat. Besonders ältere Kollegen haben häufig Freude daran, ihre Erfahrung an ambitionierte jüngere Menschen weiterzugeben.

22. Träumen und Querdenken

Sie ersparen sich viel Frust, wenn Sie sich Zeit für Ihre Träume nehmen. Sie führen Sie zu Ihren Zielen – und die wiederum sind der Schlüssel zur Motivation.

Traum-Räume

Der Legende nach wies der berühmte Walt Disney seine Mitarbeiter hin und wieder an, zu einer bestimmten Frage einen Tag lang alle möglichen und unmöglichen Dinge zu träumen. So sollte das Unbewusste angeregt werden, die verrücktesten Ideen zu kreieren.
Doch Disney war Geschäftsmann. Schon am nächsten Tag kamen die Realisten zum Zuge. Sie hatten die Träume in einen detaillierten Projektplan zu übersetzen und diesen wiederum den Kritikern vorzulegen: Die nahmen das Konzept unter die Lupe und fragten: „Was fehlt hier?" „Was muss noch beachtet werden?" Ziel dieser Disney-Strategie ist es, Träume wahr zu machen: Der Träumer als Chef, Realisten und Kritiker als „Möglichmacher" – so erfindet man Entenhausen.

Nutzen Sie die Kraft der Träume

Wenn Sie ein Ziel erreichen wollen, haben Sie zwei Möglichkeiten: Sie analysieren, planen und starten. Wahrscheinlich erreichen Sie Ihr Ziel. Doch unser Verstand neigt dazu, auf bereits Bekanntes und Vertrautes zurückzugreifen, weshalb Sie auf diesem Wege nur bekannte Lösungen für bekannte Probleme finden werden.
Wollen Sie dagegen etwas erreichen, für das Sie wenig oder gar keine Erfahrungen haben, dann nutzen Sie die Kraft und die Kreativität Ihres Unbewussten – so entsteht eine ganz neue Idee, die Ihre Handschrift trägt.

Die Disney-Strategie in der Praxis

Wenn Sie träumen oder querdenken möchten, machen Sie es doch einfach wie Walt Disney! So geht's:

1. **Ziel:** Formulieren Sie eine Zielfrage, zum Beispiel: „Wie finde ich einen Job, der mich glücklich macht?"
2. **Träumer:** Erinnern Sie sich, wie Sie als Kind geträumt, wie Sie Pläne geschmiedet haben? Sobald Sie fühlen wie damals, träumen Sie Antworten auf Ihre Frage. Lassen Sie Ihrer Kreativität dabei freien Lauf – in den scheinbar unmöglichsten Ideen steckt oft der interessanteste Kern. Schreiben Sie alles auf.
3. **Realist:** Lesen Sie alles noch einmal in Ruhe durch. Überlegen Sie, wie Sie die Träume realisieren können. Lassen Sie auch ungewöhnliche Ideen zu. Suchen Sie nach Antworten und Lösungen und schreiben Sie Schritt für Schritt auf, wie Sie vorgehen möchten.
4. **Kritiker:** Notieren Sie alle Zweifel und Fragen. Der Kritiker ist Ihr Verbündeter, denn er hilft Ihnen, Stolpersteine zu entdecken. Dafür ist jedoch Bedingung, dass Sie liebevoll Fragen stellen, statt an sich selbst herumzukritisieren und die Ideen des Träumers niederzumachen.
5. **Prüfung:** Wiederholen Sie die Schritte 3 und 4 so oft, bis der Träumer in Ihnen zufrieden ist.

Selbstcoaching

Sie können die Disney-Strategie sowohl für berufliche als auch private Visionen nutzen. Wichtig dabei ist nur, dass Sie konsequent das tun, was die jeweilige Rolle verlangt: Der Träumer träumt, der Realist plant, der Kritiker sucht Fehler. Am besten, Sie nutzen für die Träumer-Position einen Urlaubstag am Meer, in den Bergen oder im Wald. Das beflügelt Ihre Kreativität.

23. Herausforderungen bringen Sie weiter

Betrachten Sie jeden Tag als eine Chance, Dinge in Bewegung zu setzen. Denn in der Herausforderung liegt die Motivation, nicht in der Alltagsroutine.

Alles im Fluss

Was gestern noch als wahr und sicher galt, kann bereits morgen aufgrund neuer Forschungsergebnisse, politischer Verwerfungen, einer Naturkatastrophe oder einer neuen Idee des Managements Schnee von gestern sein. Veränderung ist die einzige Konstante – mit der Konsequenz, dass sich der Mensch permanent neu ausrichten muss. Doch viele fühlen sich dadurch bedroht und gelähmt.
Dabei liegt in der Veränderung die Chance auf Weiterentwicklung. Wenn Sie Entwicklung als Grundprinzip des Lebens verstehen, betrachten Sie auch plötzliche Veränderung nicht als Bedrohung, sondern als Herausforderung. Sie sind sozusagen „veränderungsgeübt". Routine mag hilfreich sein, wenn Formalitäten schnell und zuverlässig abgearbeitet werden sollen. Ein Übermaß an Routine bedeutet jedoch Langeweile – und die ist der Todfeind der Motivation.

Routine und Herausforderung in Balance

Frau Eberlein hat ihr Buchhaltungssystem optimal eingerichtet, sodass ihr die Arbeit leicht von der Hand geht. Alle sind zufrieden mit der Chefbuchhalterin – nur sie selbst findet ihren Job öde. Heute ist alles anders: Ein Computervirus bedroht den Datenbestand! Aber Frau Eberlein hat ihr System im Griff. Sie gibt kurze, knappe Anweisungen, welche Daten schnell gesichert und welche Unterlagen geprüft werden müssen. Sie arbeitet ununterbrochen bis Mitternacht. Auf dem Nachhauseweg ist sie zwar müde, doch sie empfindet ein Glücksgefühl, das sie seit zwei Jahren nicht mehr gespürt hat: Endlich wurde sie wieder einmal gefordert, sie wurde wirklich gebraucht!

Ununterbrochene Routine erzeugt Langeweile. Permanente Überforderung erzeugt Erschöpfung. Beides demotiviert. Die Motivation, die Kreativität und die Verbundenheit mit der Firma werden gefördert, wenn sich Routine und Herausforderung die Waage halten. Anteil und Intensität der fordernden Aufgaben werden dabei schrittweise erhöht. So kann jeder sein Potenzial voll ausschöpfen. Stellen Sie Ihre Aufgaben einmal folgendermaßen gegenüber:

Routine	**Herausforderung**
Akquiseberichte schreiben	Kundengespräche
Anträge ausfüllen	Verhandlung mit Abteilung X
...	...

Selbstcoaching

Stehen in Ihrem Job Routine und Herausforderung in einem ausbalancierten Verhältnis? Sprechen Sie bei einem Ungleichgewicht mit Ihrem Chef oder mit Kollegen über einen Aufgabentausch. Ist das nicht möglich, sorgen Sie privat für Ausgleich: Wenn Sie im Beruf zu viel Routine haben, brauchen Sie privat einen „Kick". Suchen Sie nach Herausforderungen, die Ihnen Spaß machen: eine ungewöhnliche Sportart, ein Hobby, ein Ehrenamt. Gibt es zu viele Herausforderungen, achten Sie auf Ihre Work-Life-Balance (→ 5. Arbeit und Leben in Balance). Erlernen Sie beispielsweise eine Entspannungsmethode (Tai Chi, Yoga, Meditation ...).

24. Den Spaßfaktor suchen

Eine unschlagbare Strategie für Motivation heißt: Spielen Sie und haben Sie Spaß! – Vor allem dann, wenn Sie vor einer schwierigen Aufgabe stehen.

Strategie: Spaß!

Karl arbeitet an einer Präsentation. Er bittet Petra um Unterstützung. Petra setzt sich auf den Boden, verteilt jede Menge bunter Karten um sich und bittet Karl, sich zu ihr zu setzen und mit ihr „herumzuspinnen“. Der ist verwirrt: „Ich dachte, wir wollten ernsthaft arbeiten!“ Was er noch nicht ahnt: Die beiden werden gleich die genialste Präsentation entwickeln, die Karl je gehalten hat – und dabei werden sie viel lachen.
Ein gutes Beispiel für unterschiedliche Arbeitsstrategien und Glaubenssätze: Für Karl ist Konzeptarbeit etwas Ernsthaftes, für Petra der spielerische Umgang mit Möglichkeiten. Es wäre falsch, den Arbeitsstil des jeweils anderen zu bewerten: Petra würde sich wie in einer Zwangsjacke fühlen, dürfte sie ihr Potenzial nicht auf ihre individuelle Weise entfalten. Und Karl hat eine neue Art kennengelernt, mit Spaß zu arbeiten. So haben Petra und Karl eine Verbindung zwischen ihren Strategien gefunden.

Spielend kreativ

Viele Chefs meinen, wer spielt, kann nicht wirklich arbeiten (und viele Eltern übrigens auch). Doch das ist definitiv falsch. Spielend arbeiten bedeutet arbeitend spielen – und das wiederum bedeutet das Unterbewusstsein für kreative Lösungen anzuzapfen. Probieren Sie es bei nächster Gelegenheit doch einfach einmal selbst aus. Ein Beispiel:

Nehmen wir an, Sie arbeiten an einer Präsentation zum Thema „Wie stärken wir unseren Vertrieb?“. Dann stellen Sie die Dinge doch einmal auf den Kopf ...

1. Formulieren Sie die Frage um: „Wie schwächen wir unseren Vertrieb noch weiter?“ Übertreiben Sie dabei ruhig ein wenig: „... bis er handlungsunfähig ist?“
2. Sammeln Sie unzensiert alle Antworten, die Ihnen zu dieser scheinbar unsinnigen Frage einfallen, zum Beispiel: „Vertriebsmenschen werden vor jedem Kundenbesuch mit der Wasserpistole vollgespritzt.“ Vielleicht drückt ein Kollege auf diese Weise aus, dass Kritik ihn vor einem Kundenbesuch verunsichert oder wütend macht; er möchte nicht „vollgespritzt“ beim Kunden erscheinen.
3. Machen Sie eine Kreativ-Pause: Gehen Sie spazieren oder nehmen Sie eine kleine Mahlzeit ein. So gewinnen Sie Abstand von dem Negativ-Brainstorming.
4. Suchen Sie nun zu jeder Negativ-Idee Lösungen, um genau diese zu vermeiden – und schon haben Sie ausreichend Stoff für Ihre Präsentation.

Selbstcoaching

Viele Kreativmethoden wie die oben beschriebene „Kopfstand-Methode“ können Sie allein anwenden – besser wirken sie jedoch im Team. Suchen Sie sich deshalb Verbündete und probieren Sie gemeinsam weitere Techniken aus. Anleitungen finden Sie im Buchhandel oder in der Bibliothek. Hilfreich ist dabei auch ein kreativitätsförderndes Arbeitsumfeld: inspirierende Musik, Karten, Flipchart, bunte Stifte für die Ideensammlung, einige Süßigkeiten ... Das Allerwichtigste aber ist: Haben Sie den Mut, mit Ihren Ideen zu jonglieren, und handeln Sie nach dem Grundsatz: „Wenn etwas nicht funktioniert, versuche ich eben etwas anderes.“

25. Think pink

Erfolg oder Misserfolg ist auch eine Folge Ihres Denkens. Deshalb: Denken Sie positiv – doch hüten Sie sich vor unseriösen Motivations-Gurus.

Positives Denken ist nicht gleich positives Denken

Lichtorgeln blinken, über 1000 Menschen tanzen auf ihren Stühlen. Ein Mann im Maßanzug hetzt schwitzend durch die Stuhlreihen, spritzt mit einer Wasserpistole um sich und schreit „Ja, du schaffst es!" Motivationszirkus in einer Stadthalle. Eintritt: 225 € pro Nase.
Das ist unseriös, und manche Menschen entwickeln nach einem solchen „Powertraining" Depressionen und Versagensängste. Positives Denken der naiven Art besteht darin, sich Dinge einzureden wie „Jeden Tag geht es mir besser und besser" und das auch zu glauben – ohne jeden Beweis oder trotz eines Gegenbeweises. Doch eine Methode ist nicht deshalb schlecht, weil es miserable Anwender gibt.

Info

Die moderne Hirnforschung zeigt, dass Denkmuster Auswirkungen auf unsere Gehirnaktivität haben. Dinge, die ein Mensch für wahr hält, verwirklichen sich genau deshalb häufig auch.

Negative Gedanken stecken an

Wir alle führen ständig einen inneren Dialog und bewerten, was wir gerade erleben (→ 17. Ihre Einstellung zählt). Achten Sie einmal darauf, wer alles in Ihrer Umgebung sich und anderen das Leben mit destruktiven Gedanken schwermacht:

„Der Regen verdirbt mir den ganzen Tag", „Alles mache ich falsch", „Das geht doch sowieso nicht". Spüren Sie den Sog? Der folgende kleine Test zeigt, was Gedanken dieser Art in Ihnen bewirken: Denken Sie nicht an ein hellgrünes Seepferdchen! Nein, nicht daran denken, ich habe gesagt: Nicht ... Nein! Zu spät, stimmt's? Dabei sollten Sie doch nicht ... Erkennen Sie den Trick? Das Wörtchen „nicht" lenkt Ihre Konzentration auf das, was Sie eigentlich vermeiden wollen. Besonders im Zusammenwirken mit Verallgemeinerungen („immer", „alle", „stets"), werden Verneinungen („niemals", „keiner", „ohne", „aber") zu dem Gift, das Sie demotiviert: „Immer kritisieren alle an mir herum, keiner erkennt meine Arbeit an." Mit einer positiven Lebenseinstellung gelingt es Ihnen jedoch, auch in schwierigen Situationen am Ball zu bleiben, Probleme als Herausforderungen zu betrachten und sich immer wieder aufs Neue zu motivieren.

Selbstcoaching

Verbannen Sie Verneinungen, so gut es geht, aus Ihrem Wortschatz. Denken und formulieren Sie stattdessen positiv, was Sie wollen. Zum Beispiel:

Ich habe keine Angst.	Ich gehe diese Sache mutig an.
Heute werde ich keine Überstunden machen.	Heute bin ich Punkt 19.00 Uhr mit Katja im Bistro.
Ich will den Termin nicht wieder überziehen.	Ich werde die Aufgabe am ... um ... Uhr erledigt haben.

Üben Sie ab sofort, das zu denken, was Ihnen gut tut und Lösungen fördert. Sagen Sie ganz bewusst „Stopp!", wenn sich abwertende oder entmutigende Gedanken einschleichen.

26. Bleiben Sie gesund

Unsere Gefühle beeinflussen auch unseren Körper. Ärger richtet ihn zugrunde, Glück baut ihn auf. Ihre Motivation trägt also dazu bei, Sie gesund zu halten.

Energie schafft Motivation schafft Energie

Motivierende Arbeit produziert positive Gefühle wie Freude und Zufriedenheit – und die unterstützen Ihr Immunsystem. Umgekehrt mindern Gefühle wie Angst, Zorn, Neid und Ärger Ihre Leistungsfähigkeit und machen Sie krank.
Wer gelernt hat,

a) mit seinen Energien richtig zu haushalten (→ 5. Arbeit und Leben in Balance) und
b) seine Gedanken in eine positive Richtung zu lenken (→ 25. Think pink),

ist motivierter und kreativer. Psychologische Studien belegen, dass gesunde, glückliche Menschen Probleme besser und schneller lösen, sich anderen gegenüber wohlwollender verhalten und sich im Betrieb eher für das Gemeinwohl einsetzen. Sie motivieren nicht nur sich selbst, sondern ermutigen auch andere. Gesundheit und Motivation gehören untrennbar zusammen.

Achten Sie auf sich

Die folgenden Tipps helfen Ihnen dabei:

- **Gesundheitscheck:** Lassen Sie sich ungefähr alle zwei Jahre von Ihrem Arzt komplett untersuchen. Anhand Ihres Blutbilds gibt er Ihnen gegebenenfalls Empfehlungen für eine sinnvolle Vitamin- und Mineralstoffergänzung und erkennt gesundheitliche Risiken.

- **Bewegung:** Laufen, Radfahren, Schwimmen halten Sie fit und bringen Ihr Immunsystem auf Trab. Fragen Sie im Zweifel Ihren Arzt, welcher Sport für Sie geeignet ist. Verzichten Sie öfter einmal auf den Fahrstuhl und nehmen Sie stattdessen die Treppe.
- **Licht:** Helligkeit senkt Stress und setzt Glückshormone frei. Sorgen Sie vor allem in der dunklen Jahreszeit für gute Beleuchtung. Wenn Sie unter der so genannten Winterdepression (Stimmungstief ab Herbst mit deutlicher Verbesserung im Frühjahr) leiden, kaufen Sie sich im Sanitätshaus eine Lichttherapie-Lampe.
- **Schlaf:** 8 bis 10 Stunden Schlaf erquicken. Gönnen Sie sich, wenn möglich, auch ein kurzes Nickerchen zwischendurch. Büroschlaf ist keine Sünde, sondern schafft neue Energie.
- **Die richtige Ernährung:** Sie können sich gesund oder krank essen. Zu viel tierisches Fett raubt Ihnen die körperliche und geistige Leistungsfähigkeit. Essen Sie stattdessen, wann immer Sie können, ein Stück Obst oder einen Teller Salat. Nehmen Sie gegebenenfalls eine Ernährungsberatung in Anspruch.

Selbstcoaching

Beneidenswert ausgeglichen ist Ihr Leben, wenn Sie von sich sagen können: „Ich bin gesund", „Ich habe ein hohes Selbstwertgefühl", „Meine Arbeit macht mir Freude", „Ich bin zufrieden mit meinem Liebesleben". Oder treffen eher folgende Erfahrungen auf Sie zu? „Meine Freunde/Kollegen erzählen mir ständig nur von ihren Problemen", „Ich habe eine Trennung oder einen Schicksalsschlag hinter mir", „Mir wächst alles über den Kopf", „Ich habe Geldsorgen", „Ich fühle mich erschöpft und krank". Dann sollten Sie die Hilfe Ihres Arztes oder eines erfahrenen Psychotherapeuten in Anspruch nehmen.

27. Einfach mal locker lassen

Gönnen Sie sich wichtige Streicheleinheiten für Körper und Seele: Belohnen Sie sich selbst oder machen Sie öfter mal Drei-Minuten-Pausen.

Mach-mal-Pause-Signale

Je länger Sie sich an einem Problem festbeißen, desto schwerer fällt es Ihnen, Lösungen zu finden. Das frustriert, und Sie müssen viel Energie aufwenden, um sich wieder zu motivieren. Damit Sie am Ball bleiben, möchten Körper und Seele belohnt werden. Gönnen Sie sich deshalb unbedingt regelmäßige Pausen – kurze Denkpausen (3 bis 5 Minuten) immer wieder einmal zwischendurch sowie längere Ruhepausen für ein Joghurt oder ein Stück frisches Obst zum zweiten Frühstück, für eine Mittagsmahlzeit und natürlich auch für Spiel, Spaß oder Kultur am Abend.
Außerdem sollten Sie sich häufiger selbst belohnen: mit einem Essen mit guten Freunden oder mit den Kollegen, die Sie bei einer Arbeit unterstützen, einem Kinobesuch, einem guten Buch oder einem anderen Geschenk. Jeden Tag ein kleiner Höhepunkt – das bringt Lockerheit in den Job und Ihre privaten Verpflichtungen und lässt Sie gedanklich zur Ruhe kommen.

Hören Sie auf Ihren Körper

Wer die Pausensignale seines Körpers und seiner Seele überhört oder ignoriert, lebt gefährlich. Der Abgrund ist nur vier Schritte entfernt:

1. Ihre Energiereserven gehen zu Ende. Sie sind ein wenig zerstreut, verspannt und erschöpft. Außerdem fallen Ihnen manche Worte nicht gleich ein, Ihnen unterlaufen

Flüchtigkeitsfehler und Sie erleben einen Leistungsabfall. Machen Sie jetzt zwischen 3 und 20 Minuten Pause – sonst passiert Folgendes:

2. Ihr Körper setzt Stresshormone frei, und nach ein paar Minuten haben Sie das Gefühl neuer Kraft. Das ist jedoch ein Irrtum. Sie stehen aufgrund der Hormonproduktion wie unter Drogen. Das ist der Workaholic-Zustand, der langfristig in das dritte Stadium führt:
3. Sie neigen zu Unfällen, Ungeschicklichkeit, Fehlentscheidungen, Gedächtnisstörungen, Reizbarkeit, zunehmender Demotivation, Taktlosigkeit oder sexueller Lustlosigkeit. Diese Funktionsstörungen sind die Vorboten der vierten und letzten Phase.
4. Die Rebellion des Körpers: Psychosomatische Erkrankungen wie Schlafstörungen, Magen-Darm-Störungen und Herzerkrankungen machen Motivation unmöglich und verkürzen Ihre Lebenserwartung.

Selbstcoaching

Entspannen Sie sich. Am besten mithilfe einer der zahlreichen Entspannungstechniken, die Sie in vielen VHS-Kursen erlernen oder in diversen Ratgebern nachschlagen können. Beginnen Sie gleich mit folgender Übung: Stellen Sie sich so hin, dass beide Füße festen Kontakt mit dem Boden haben, und halten Sie die Hände mit den Handflächen nach unten vor die Brust. Während Sie ausatmen, stellen Sie sich vor, wie Sie verbrauchte Energie an die Erde abgeben. Dabei lassen Sie die Hände sinken. Nachdem Sie vollkommen ausgeatmet haben, zählen Sie bis zehn. Beim anschließenden Einatmen heben Sie die Hände und stellen sich vor, dass Sie frische Energie von der Erde heraufholen. Wiederholen Sie diese Übung fünf bis zehn Mal.

28. Innere Widerstände besiegen

Oft stehen wir uns selbst im Weg und hindern uns daran, Motivation zu spüren. Innere Widerstände halten uns dann davon ab, etwas in unserem Leben zu verändern.

Manchmal liegt zwischen dem, was wir tun wollen, und dem tatsächlichen Tun eine riesige Kluft namens „Akrasia“ (lateinisch für Willensschwäche, Handeln wider besseres Wissen). So nennen Philosophen den Zustand, wenn ein Mensch eine Handlung ausführt (auf der Couch liegen), obwohl er die Alternative (endlich anfangen) für besser hält. Ergebnis: Die Arbeit bleibt liegen.

Die Ursachen

Viele Menschen sehen einen riesigen Berg vor sich, wenn sie vor einer komplexen Aufgabe stehen, und wissen gar nicht, wo sie beginnen sollen. Teilen Sie in einem solchen Fall die Aufgabe in mehrere kleine, überschaubare Einheiten auf. Am besten benutzen Sie dazu Karten, auf denen Sie ganz genau festhalten, was in dem jeweiligen Schritt zu tun ist.

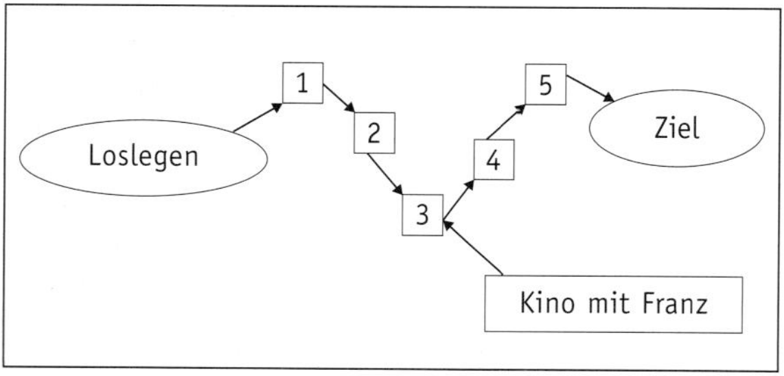

Versehen Sie jeden Schritt mit einem Termin. Dann legen Sie alle Karten der Reihe nach auf dem Boden aus. So behalten Sie stets den Gesamtüberblick, konzentrieren sich aber für den Moment nur auf die vor Ihnen liegende (Teil-)Aufgabe. Oder kennen Sie diese Situation? Weil Ihnen das Vorgehen in Schritt drei noch unklar ist, bleibt auch Schritt eins liegen. Der Anspruch, jede Schwierigkeit im Vorfeld zu lösen, kann demotivieren. Lassen Sie das nicht zu und fangen Sie einfach an. Viele Probleme lösen sich im Laufe der Zeit von ganz alleine – und wenn nicht, fällt Ihnen bestimmt etwas ein, wenn Sie auf ein Hindernis stoßen.

Ihr innerer Schweinehund

Und dann ist da noch der „innere Schweinehund". Er ist das faulste Geschöpf der Welt. Wenn Sie die Wahl haben zwischen Steuererklärung und Fernsehen, flüstert er Ihnen zu: „Fernsehen!" Das ist nett von ihm, ehrlich, denn er ist ein Persönlichkeitsanteil, der Sie beschützen will. Manchmal sagt er Ihnen auf diese Art, dass Sie sich besser ausruhen oder wieder einmal Ihrer Familie beziehungsweise Ihren Freunden widmen sollten. Deshalb: Lassen Sie Ihren inneren Schweinehund hin und wieder gewinnen, ohne ihn gleich zum Chef über Ihr Leben zu machen.

Selbstcoaching

Machen Sie den inneren Schweinehund zu Ihrem Verbündeten. Führen Sie mit ihm eine Art Verhandlung und fragen Sie dabei nach der positiven Absicht seines Einwands. Zum Beispiel: Sie brauchen Erholung, wollen aber auch den Stoff einer Weiterbildung am Abend aufarbeiten? Mögliche Lösung: Sie nehmen das Lernmaterial mit in die Sauna. Auf diese Art und Weise wird Ihr innerer Schweinehund zu Ihrem inneren Coach.

29. Motivation oder Manipulation?

Wenn wir andere Menschen motivieren wollen, ist die Grenze zur Manipulation fließend. Dem können Sie nur mit Aufrichtigkeit und Klarheit begegnen.

Nur ein kleiner Schritt

Wenn Sie sich selbst motivieren, treffen Sie auch selbst die Entscheidung darüber, wofür. Wenn Sie andere Menschen motivieren wollen, bedeutet das immer auch ein Stück Fremdsteuerung: Sie wollen jemanden dazu bringen, das zu tun, was Sie wollen, wann Sie es wollen und wie Sie es wollen. Dabei soll er glauben, dass das, was Sie wollen, ihm nützt. Sie merken schon: Auch wenn Fremdmotivation nichts grundsätzlich Schlechtes ist – zur Manipulation ist es nur ein kleiner Schritt.

Keine Tricks, bitte!

Diese Grenze wird überschritten, wenn mit Tricks gearbeitet wird: Dann soll ein Mensch „funktionieren“ und dabei auch noch glauben, dass er seine eigenen Ziele verfolgt. Ein Beispiel: In einem Unternehmen arbeiten die Menschen viel mehr, als sie ihrem Arbeitsvertrag zufolge müssten. Leistung sichere die Arbeitsplätze, hat das Management verlauten lassen. Als die Firma dann doch Kündigungen ausspricht, merken die Mitarbeiter schließlich, dass sie nur manipuliert wurden. Vertrauen und Motivation sind dahin.

Motivieren mit Klarheit und Offenheit

Und dennoch: Kein Unternehmen, keine Schule, keine Familie kommt ohne Führung, ohne Fremdsteuerung aus. Aber dabei ist nicht vermeintlich motivierende Manipulation gefragt, sondern Klarheit, Aufrichtigkeit und Kompetenz. Ihr Kind wird vermutlich trotzdem herummeckern, bevor es sein Zimmer aufräumt, aber das Zimmer wird aufgeräumt. Zeitraubende und nervtötende Diskussionen handeln Sie sich dagegen ein, wenn Sie Ihrem Sprössling einzureden versuchen, dass Zimmeraufräumen total cool ist. Nicht Manipulation, sondern Motivation liegt übrigens vor, wenn Sie das Aufräumen in ein Spiel integrieren.

Übertragen auf die Arbeitswelt heißt das: Wenn Sie hoch motiviert auf ein Ziel hinarbeiten, ist es immer noch Ihre eigene Begeisterung. Das ist schon ein Pluspunkt, wenn Sie andere mitziehen wollen. Aber eben nur einer! Es muss noch etwas hinzukommen: Um begeistert zu sein, brauchen die anderen ebenfalls einen Beweggrund, ein Motiv. Sonst werden sie nur ihre Pflicht tun – was allerdings oft auch schon in Ordnung ist.

Selbstcoaching

Wenn Sie einen anderen Menschen motivieren möchten, dann stellen Sie sich im Vorfeld folgende Fragen:

- Ist Ihr Motiv, den anderen zu motivieren, ethisch vertretbar, oder wollen Sie ihn nur manipulieren?
- Wirken Ihre Worte und Handlungen auf ihn motivierend?
- Welchen Grund hat er sonst, ebenfalls motiviert zu sein?

Und bitte verkneifen Sie es sich, einem Mitmenschen einen Vorteil zu suggerieren, der gar keiner ist. Das kann einmal klappen, zerstört mit der Zeit aber jedes Vertrauen – und ist damit für die Zukunft ein Motivationskiller. Sagen Sie lieber ganz ehrlich: „Ich gebe ja zu, das macht keinen Spaß, aber ...“

30. Demotivieren leicht gemacht

Andere Menschen zu motivieren ist eine hohe Kunst, sie zu demotivieren ganz einfach. Achten Sie deshalb sehr genau darauf, was Sie sagen und tun.

Motivationskiller Nummer eins: Unsachliche Kritik

Anette ist eine fleißige Sekretärin. Seit letzter Woche hat sie jedoch keine Lust mehr auf ihren Job. Ihr Chef meckerte wegen eines kleinen Fehlers in einem Manuskript herum: „Nächstes Mal ein bisschen mehr Konzentration, Frau Debil.“ Anettes Nachname ist Biehl – und sie empfand es als Beleidigung, kritisiert zu werden, indem ihr Name verhöhnt wurde.
Mit unangemessener, unsachlicher Kritik die Persönlichkeit eines Menschen zu verletzen ist eine besonders perfide und demotivierende Taktik – aber leider nicht selten.

Die Top Ten der Demotivationsmethoden

1. Ignorieren Sie Leistung.
2. Strahlen Sie die Sicherheit aus, dass Sie wissen, was für andere wichtig ist. Stellen Sie keine Fragen. Falls doch, versprechen Sie, die Antworten bei Ihren Entscheidungen zu berücksichtigen – und ignorieren Sie sie dann.
3. Halten Sie gute Ergebnisse für selbstverständlich und kritisieren Sie Schwächen sofort und in aller Schärfe. Im privaten Bereich sagen Sie niemals Dinge wie „Das war schön!“. Ihr Partner soll lernen, dass Sie schon meckern, wenn Ihnen etwas nicht passt.
4. Formulieren Sie viele Regeln, auf deren Einhaltung Sie je nach Laune bestehen.

5. Falls Ihre Mitarbeiter sich nicht sicher sind, wie eine Aufgabe anzupacken ist, erklären Sie ihnen, dass sie endlich loslegen sollen. Lassen Sie es auch in Ihrem Privatleben nicht zu, dass andere Menschen Sie ständig mit ihren Problemen behelligen.
6. Geben Sie sich herablassend und sarkastisch, speziell Menschen gegenüber, die Sie für weniger gebildet halten als sich selbst – und ganz besonders dann, wenn noch ein Dritter dabei ist. Belehren Sie auch Ihren Partner, vor allem vor seinen Freunden.
7. Erzeugen und nutzen Sie Situationen, in denen Menschen Konkurrenzangst entwickeln.
8. Unterstützen Sie nicht, sondern verlangen Sie herausragende Ergebnisse – auch zu Hause.
9. Beanspruchen Sie die Erfolge Ihrer Abteilung für sich und überlassen Sie den anderen die Schuld an den Fehlschlägen. Sagen Sie „meine Tochter", wenn die Noten hervorragend sind, und „dein Kind" bei einem Fünfer.
10. Tolerieren Sie keine Fehler und achten Sie darauf, dass jeder versucht, die Spuren seiner Fehler zu verwischen. Das fördert ein Klima des Misstrauens.

Selbstcoaching

Nutzen Sie die Liste als Analyseinstrument:

- Erkennen Sie irgendeine dieser Verhaltensweisen an sich selbst wieder? Wenn ja: Setzen Sie sie bewusst oder unbewusst ein? Was bezwecken Sie damit?
- Stellen Sie fest, dass jemand aus Ihrer Umgebung andere auf diese Art demotiviert? Dann geben Sie ihm – sofern es angemessen ist – ein entsprechendes Feedback (→ 36. Feedback geben und einfordern). Ansonsten: Sie wissen jetzt, dass der Betreffende, auch wenn er vielleicht mehr Macht hat als Sie, im Unrecht ist. Das tröstet wenigstens etwas.

31. Spaß motiviert mehr als Geld

Geld für Leistung und mehr Geld für mehr Leistung – das wirkt demotivierend. Nur wenn die Arbeit auch Spaß macht und sinnvoll ist, sind Menschen wirklich motiviert.

Geld ist nicht alles

Simone verdient als Sekretärin in einer großen Kanzlei 300 Euro mehr als in ihrem alten Job als rechte Hand des Seniors einer kleinen Spedition. Da machte die Arbeit allerdings großen Spaß. Morgens, wenn die Routen der Fahrer eingeteilt wurden, haben alle miteinander gefrühstückt, gelacht und erzählt. In der Kanzlei gehen die Menschen dagegen sehr sachlich, korrekt und distanziert miteinander um. Als Simone am Kopierer ein Lied summt, ermahnt sie die Büroleiterin: „Draußen sitzen Mandanten!“ Eines Abends ruft Simone ihren alten Chef an und klagt ihm ihr Leid. „Komm zurück“, sagt der, „aber mehr Geld kann ich dir wirklich nicht zahlen.“

Ist Geld ein Kriterium für Motivation? Klar, Ihr Gehalt muss stimmen, denn es liefert Ihnen die materielle Grundlage für ein sorgenfreies Leben. Die Betonung aber liegt auf „materiell“, denn Selbstmotivation und Zufriedenheit ergeben sich

Info

Untersuchungen zufolge glauben Führungskräfte, dass Geld für ihre Mitarbeiter das wichtigste Motivationsmittel ist. Die Mitarbeiter sehen das aber genau umgekehrt: Eine interessante Arbeit (1) und Anerkennung (2) sind ihnen am wichtigsten. Geld rangiert erst auf Platz 5.

in erster Linie aus dem Arbeitsinhalt – und der muss vor allem eines sein: sinnvoll.

Motivation kann man nicht kaufen

Sinngebende Arbeit macht Spaß, gibt Ihnen Eigenverantwortung und fordert Ihr kreatives Potenzial. Sie gehören dazu und werden gebraucht. Der gefühlte Unterschied zwischen Arbeits- und Freizeitsphäre ist relativ klein. Werden Sie dagegen behandelt wie ein Automat, funktionieren Sie auch wie einer – und fühlen sich entsprechend. Wer überdurchschnittliche Leistung kaufen will, setzt auf Fremdmotivation und baut damit auf Sand (→ 3. Arten der Motivation), denn Motivation ist nun einmal nicht käuflich.
Was aber ist dann für Ihre Motivation besonders wichtig? Hier einige Kriterien: Anerkennung der Leistung, informiert sein, Hilfe bei persönlichen Problemen, Arbeitsplatzsicherheit, interessante Arbeit, Karriere, Loyalität des Vorgesetzten, gute Arbeitsbedingungen.

Selbstcoaching

Erstellen Sie Ihre individuelle Wertehierarchie. Schreiben Sie dazu den für Sie wichtigsten Motivationsfaktor an die erste Stelle. Dann folgt Ihr zweit-, dritt- und viertwichtigster Wert usw. Anschließend prüfen Sie, ob jeder Wert tatsächlich wichtiger ist als der darunter liegende. Ist das geschafft, stellen Sie sich folgende Fragen:

- In welcher Reihenfolge stehen die Faktoren in dem Betrieb, in dem Sie arbeiten?
- Welche Ihrer Werte können Sie in Ihrem Beruf leben und welche nicht?

Je weiter die Wertehierarchien auseinanderklaffen, desto größer ist Ihr Bedarf nach privatem Ausgleich.

32. Wenn die Prämie demotiviert

Prämien sollen zu besseren Leistungen anspornen. Doch in der Realität bewirken solche Extras oft genau das Gegenteil.

Anreizsysteme – der große Irrtum

Susanne arbeitet in der Filiale eines bekannten Unternehmens. Ihren eher mickrigen Lohn kann sie erhöhen, indem sie den Leuten Lottoscheine verkauft. Ehe der Kunde bezahlt, fragt Susanne: „Spielen Sie Lotto? Ich habe da ein besonderes Angebot für Sie!" Beißt er an, hat sie ein paar Cent mehr in der Tasche. Viele Kunden reagieren jedoch verstört, denn sie kommen eigentlich wegen einer Beratung. Und jedes „Nein" frustriert Susanne, denn sie hat die Provision inzwischen fest eingeplant.
Viele Arbeitgeber haben mittlerweile Anreizsysteme geschaffen, mit deren Hilfe die Mitarbeiter motiviert werden sollen. Dabei gibt es nur noch einen Teil des Gesamteinkommens fest. 10 bis 40 Prozent müssen durch Verkaufsabschlüsse, Überschreiten von Zielvorgaben oder Verbesserungsvorschläge erwirtschaftet werden. Das sollte doch eigentlich zu mehr Leistung anspornen – ein Irrtum!

Fremdmotivation killt Selbstmotivation

Psychologen wissen, dass die Erhöhung des Reizniveaus den Eigenantrieb senkt. Genau wie bei Susanne. Sie interessiert sich nicht mehr so sehr für die Kunden, die keinen Lottoschein möchten, mit der Folge, dass diese sich schlechter beraten fühlen.
Trotzdem streben viele Unternehmen eine so genannte leistungsgerechte Entlohnung in Form von Prämien an. Sie ver-

gessen dabei: Ist die Prämie erst als ständiges Einkommen eingeplant, tritt ein unerwünschter Effekt ein. Die Prämie selbst motiviert nicht mehr. Bleibt sie jedoch einmal aus, wird das als Bestrafung empfunden. Und die demotiviert. Mehr noch, Prämien führen zu einem „Gewinner-Verlierer-System". Auf jeden Gewinner kommen viele andere, die sich bestraft fühlen. Die Kollegen betrachten einander als Hindernisse auf dem Weg zum Erfolg. Das demotiviert nicht nur, sondern zerstört auch das Betriebsklima.

Was wirklich motiviert

Unternehmen können einiges für die Motivation ihrer Mitarbeiter tun, ohne dabei zu einem Prämiensystem greifen zu müssen. Denn das motiviert:

- Besondere Herausforderungen durch besondere Arbeitsinhalte: Beispielsweise erhält ein Mitarbeiter einen Kundenstamm, der ihn besonders interessiert.
- Eine gute, kollegiale Arbeitsbeziehung: Ein besonderer Erfolg wird auch mal mit einer Party oder einem Ausflug belohnt.
- Workshops, die die Zusammenarbeit im Team verbessern.
- Eine „Abteilungsprämie" als Spende für einen selbst gewählten sozialen Zweck: Die erfolgreichste Abteilung ist der größte Sponsor, das Unternehmen rundet großzügig auf.

Selbstcoaching

Überprüfen Sie, wie Prämien auf Ihre Selbstmotivation wirken:

- Wie motivieren Sie sich selbst?
- Wie werden Sie durch andere motiviert?

Prüfen Sie ehrlich und selbstkritisch: Würde eine Prämie Ihre Selbstmotivation steigern? Oder nur Ihren Wunsch nach mehr Geld befriedigen?

33. Gemeinsame Ziele – die Zukunftskonferenz

Teams und Unternehmen entwickeln sich, wenn alle an einem Strang ziehen. In einer Zukunftskonferenz schwören sich alle auf ein gemeinsames Ziel ein.

Das Leitbild

In vielen Unternehmen hängen so genannte Leitbilder aus. Da stehen dann Sätze drin wie „Im Mittelpunkt steht der Mensch“ oder „Wir kommunizieren allseits offen und fair“. Es beschreibt die Unternehmenskultur, also die Normen und Wertvorstellungen, die das Verhalten der Mitarbeiter und das Bild der Firma prägen. Doch Menschen lassen sich keine Werte und Normen „einimpfen“. Ein übergestülptes Leitbild wird nicht selten als Schönfärberei empfunden. Und das wirkt eher demotivierend. Gemeinsam entwickelte Ziele und Visionen hingegen werden gelebt – besonders, wenn sie ganz praktisch im eigenen Arbeitsbereich umsetzbar sind. Und dafür gibt es eine Methode: die Zukunftskonferenz.

Eine gemeinsame Vision

In Zukunftskonferenzen erarbeiten einzelne Teams, Abteilungen oder das ganze Unternehmen eine lebendige, fantasievolle und präzise Vision dessen, was gemeinsam geschaffen werden soll. So lassen sich gemeinsame Werte bewusst machen, Energien freisetzen und die Motivation fördern.
Diese Methode eignet sich auch für einen Verein, eine Hilfsorganisation oder eine Interessengemeinschaft. Sie können damit leicht eine Mitgliederkampagne zum Erfolg führen. Oder nach völlig neuen Impulsen suchen, wenn Sie merken, dass irgendwie die Luft raus ist. Als Familienkonferenz eröffnet diese Methode völlig neue Perspektiven im Zusammenleben.

Und so gehen Sie vor

Schreiben Sie zuerst einmal eine gemeinsame Zielfrage auf ein großes Plakat, zum Beispiel „Was macht uns zu einem erfolgreichen Team?“ Der weitere Konferenzplan sieht dann wie folgt aus:

1. **Vergangenheit:** Mithilfe alter Fotos, Storys und Erinnerungsstücken werden sich alle Teilnehmer ihrer gemeinsamen Geschichte und der Faktoren bewusst, die ihr Team „zusammenschmieden“. Probleme werden ebenfalls ganz offen benannt.
2. **Gegenwart:** Die Erfolgsfaktoren, aber auch schädliche Verhaltensmuster, die sich im Laufe der Zeit eingeschlichen haben sowie die künftigen Herausforderungen werden besprochen. Was muss sich im Team ändern, damit diese bewältigt werden?
3. **Zukunft:** Hier werden konkrete Ziele ausgearbeitet. (→ 16. Einen Ziel-Vertrag abschließen)
4. **Konsens:** Worin stimmen wir überein?
5. **Maßnahmeplan:** Was genau werden wir tun?

Selbstcoaching

Wichtig ist,

- dass sich alle frei äußern können;
- dass kreative Methoden (gemeinsames Erstellen eines Plakats, Brainstorming, Mind-Mapping ...) eingesetzt werden;
- dass alle Ergebnisse aufgeschrieben werden;
- dass Sie wirklich Zeit haben (je nach Thema 1 bis $2\,^1/_2$ Tage).

Wenn Ihnen für ein solches Projekt im Beruf noch der Mut fehlt, proben Sie doch zunächst im Verein oder in der Familie.

34. Emotional intelligent führen

Emotional intelligente Führung ist die Balance zwischen Leistungsdenken und Achtsamkeit. So fördern gute Chefs die Motivation ihres Teams.

Der Chef als Vorbild

Carola erscheint völlig aufgelöst im Büro. Ihr Vorgesetzter fragt behutsam nach, worauf sie in Tränen ausbricht und erzählt, dass ihr Partner sie verlassen hat. Der Chef findet tröstende Worte und bietet Carola an, heute frei zu nehmen. „Tun Sie sich etwas Gutes."

Das ist die typische Reaktion eines emotional intelligenten Chefs: Er ist ein Vorbild in Bezug auf Respekt, Hilfsbereitschaft, Mitgefühl und Kooperation. Er vertraut darauf, dass Carola den geschenkten Tag wieder hereinarbeiten wird, sobald es ihr besser geht.

Kommunikation auf mehreren Ebenen

Kommunikation findet psychologisch gesehen immer auf zwei Ebenen statt: Auf der Sachebene werden Informationen wie Aufgabenverteilung, Hierarchie, Termine usw. ausgetauscht, während es auf der Beziehungsebene um Gefühle wie Sympathie und Antipathie, Lust, Angst, Wut und Freude geht. Sie spielt die Hauptrolle, wann immer Menschen miteinander kommunizieren.

Sind die Beziehungen in einem Team in Ordnung, sind die Menschen glücklicher und flexibler im Denken. Sie können Informationen schneller verarbeiten und in komplexen Situationen leichter Entscheidungen treffen. Gestörte Beziehungen wirken dagegen wie Stolpersteine, die immer wieder die Arbeit auf der Sachebene behindern. Sie spüren förmlich den gereizten Ton, das Misstrauen oder die Angst in solchen Abteilungen.

Wecken Sie positive Gefühle

Wer Menschen motivieren will, muss daher vor allem positive Gefühle in ihnen wecken. Das wird in der Berufswelt zwar oft als naive Vorstellung von einer heilen Arbeitswelt belächelt, stützt sich aber auf die neuesten Erkenntnisse der Gehirnforschung, wonach das emotionale Zentrum unseres Gehirns (limbisches System) direkt von anderen Menschen beeinflusst wird. Und das muss nicht unbedingt der Chef sein. Die Mitarbeiter beeinflussen sich sowohl gegenseitig als auch ihren Vorgesetzten. Wenn Ihnen diese Wechselwirkung bewusst ist, können Sie die emotionale Basis in Ihrem Team deutlich verbessern.

Selbstcoaching

Durch diese Übung entwickeln Sie nach und nach eine Ausstrahlung, die in Ihnen und anderen positiven Gefühle weckt.

- **Auf dem Weg zur Arbeit:** Denken Sie an die Frei- und Gestaltungsspielräume, die Sie heute erwarten. Bewältigen Sie unangenehme Dinge bereits im Vorfeld, indem Sie Auszeiten, kleine Begegnungen und Belohnungen einplanen.
- **Im Tagesverlauf:** Kontrollieren Sie immer wieder Ihren emotionalen Zustand und steuern Sie gegen, wenn es nötig ist. Ignorieren Sie Nörgeleien oder reagieren Sie verständnisvoll-zielorientiert, zum Beispiel so: „Ich verstehe. Und was können wir ändern?"
- **Auf dem Heimweg:** Ziehen Sie Bilanz. Was habe ich Positives bewirkt? Was ist nicht so gut gelungen? Was mache ich morgen anders?

35. Die Stimmung im Team

Kollegialität, Kooperation und Hilfsbereitschaft: Das sind die Zutaten, um die Motivation und Begeisterung Ihrer Teammitglieder zu wecken.

Der kleine, aber feine Unterschied

Jana trainiert Mitarbeiter in Call-Centern. Darin ist sie spitze – und das wissen die Firmen. Derzeit hat sie zwei Angebote für neue Jobs in der Tasche. Nach dem Gespräch mit den Führungskräften bittet Jana, sich ein wenig an ihrem späteren Arbeitsplatz umschauen zu dürfen.
In Firma A trifft sie auf Menschen mit genervten Blicken, die an beengten Arbeitsplätzen mit den Kunden telefonieren. Im Pausenraum wird geschwiegen und geraucht. Für Jana ist ein eigenes, sehr hübsches Büro vorgesehen.
In Firma B müsste Jana mit dem Team im Großraumbüro sitzen. Das ist groß, hell und farblich geschmackvoll gestaltet mit vielen Grünpflanzen und Begegnungs-Inseln. Hier ist die Arbeit genauso hart – doch die Menschen lächeln sie an. Raten Sie mal, wofür Jana sich wohl entscheidet ...

Zwei Unternehmenskulturen

In vielen Unternehmen vollzieht sich derzeit ein Umdenkprozess. Dabei treffen zwei Schulen aufeinander:

- **Alt:** Jeder im Team ist nur für seine Aufgaben zuständig und hat entsprechend den Anweisungen des Vorgesetzten zu handeln. Mitarbeiter treten zum Teil in Konkurrenz zueinander und profilieren sich gegenüber dem Chef. Fehler werden mit Kritik beantwortet. Gefühle sollen möglichst außen vor bleiben. Das Arbeitsumfeld wird als nicht so wichtig angesehen.

- **Neu:** Alle im Team kooperieren und helfen einander. Eine Aufgabe wird als „unsere Aufgabe“ gesehen, ein Problem als „unser Problem“. Der Vorgesetzte ist im Rahmen der Unternehmensziele mehr Moderator als Chef. Fehler werden als Chance zum Lernen begriffen. An die Stelle von Kritik tritt das Feedback (→ 36. Feedback geben und einfordern). Spaß und Wohlfühlen spielen im Team eine ebenso große Rolle wie Leistung und Pflichterfüllung.

Emotionen stecken an

Forscher haben immer wieder beobachtet, dass sich Emotionen in Teams wie ein Lauffeuer ausbreiten und direkte Auswirkungen auf die Motivation und den Erfolg haben. Dabei kommen zwei Arten von Emotionen besondere Bedeutung zu:

1. Herzlichkeit, Freundlichkeit und Lachen: Wenn Sie Gelächter hören oder ein Mensch Sie anlächelt, lachen Sie fast automatisch mit beziehungsweise lächeln zurück.
2. Reizbarkeit und Nörgelei: Zwar breiten sich negative Gefühle nicht ganz so leicht aus wie ein Lächeln, doch Vorsicht: Wenn Teammitglieder vorwiegend über Begrenzungen und Frust sprechen, sinkt bei allen das Motivationsniveau.

Selbstcoaching

- Welche Personen (im Team, in der Nachbarschaft ...) lösen in Ihnen positive, welche negative Gefühle aus?
- Was unterscheidet Ihre Beziehung zu den genannten Personen?
- Wie gehen Sie mit ihnen um?
- Nehmen Sie jeden Tag bewusst freundlichen Kontakt mit den Personen auf, die bei Ihnen bisher negative Gefühle hervorgerufen haben.
- Beobachten Sie: Zeigt die Person sich überrascht? Wie reagiert sie? Ändert sich Ihre Beziehung?

36. Feedback geben und einfordern

Beim Feedback geht es vor allem um Positives und nicht um Fehler. Denn nur wer Vertrauen in andere Menschen hat und nach ihren Potenzialen sucht, wird sie auch motivieren.

Feedback als Chance

Silke hat ein neues Projekt übernommen und wurde dafür von allen anderen Aufgaben in ihrer Abteilung freigestellt. Dort häuften sich bald die Probleme, weil die Kollegen Silkes Arbeit mit erledigen mussten, dafür aber nicht richtig eingearbeitet wurden. Darüber hätten sie gern mit Silke gesprochen – doch die schwärmte immer nur von ihrem Projekt. Schließlich hagelte es irgendwann Protest: „Du hast uns im Stich gelassen!“
Ein typischer Fall gegenseitiger Demotivation. Die Lösung heißt Feedback (Rückmeldung). Damit beschreiben Menschen einander einen Sachverhalt und – auf sensible Art und Weise – ihr Erleben und Empfinden. Im Gegensatz zur Kritik bestimmen nicht Schwächen und Fehler das Gespräch, sondern Stärken und Chancen, Dinge zu verbessern. Silke hätte ihre Kollegen beispielsweise fragen können, wie sie die neue Situation erleben. Und auch die Kollegen hätten offen um Klärung bitten können. Doch leider schwiegen am Ende alle.

Regeln für ein konstruktives Feedback

Ein konstruktives Feedback muss sorgfältig formuliert sein. Bewährt haben sich dafür die folgenden Regeln:

- Fragen Sie nach der Bereitschaft des Empfängers, Ihr Feedback anzuhören.

- Heben Sie zunächst Positives hervor. Faustregel: Nennen Sie zwei bis drei Dinge, die Ihnen wirklich gefallen, gefolgt von einem Veränderungsvorschlag.
- Prüfen Sie, ob Ihr Feedback angemessen ist, und zwar sowohl inhaltlich als auch im Ton. Benutzen Sie ausschließlich respektvolle Worte und „Ich-Botschaften".
- Verzichten Sie auf Anklagen. Zeigen Sie stattdessen Auswirkungen auf.
- Formulieren Sie die Dinge konkret. Ihr Gesprächspartner muss wissen, was genau er verändern soll, wenn er Ihren Vorschlägen folgen will. Also statt „Du hast uns im Stich gelassen ..." besser ein konkreter Vorschlag wie: „Was hältst Du davon, wenn Du uns morgen zwei bis drei Stunden einarbeitest?"
- Klären Sie die Motive für Ihr Feedback. Geben Sie niemals Feedback, um durch die Hintertür Kritik loszuwerden. Wenn Sie sich über eine Person geärgert haben, gewinnen Sie lieber erst einmal ein wenig zeitlichen Abstand.
- Prüfen Sie, ob Ihr Feedback richtig ankommt. Doch Vorsicht: nicht „Haben Sie verstanden?", sondern „Konnte ich Ihnen meine Gedanken deutlich machen?".

Wenn Sie Feedback bekommen, gibt es für Sie nur eine Regel: Nur zuhören, nicht verteidigen oder bewerten.

Selbstcoaching

Suchen Sie sich pro Woche einige der Feedbackregeln aus und üben Sie, diese anzuwenden. Achten Sie dabei auf die Reaktion Ihres Gesprächspartners. Ziel ist, alle Regeln sicher parat zu haben – gerade auch in Stresssituationen. Wenn Sie noch unsicher sind, können Sie die Feedbackregeln ja zunächst in einem vertrauten Kreis (Familie, Freunde) üben. Auch da wirken sie motivierend.

37. Fördernd fordern

Ob Sie Mutter eines pubertierenden Sohnes sind oder Chef eines großen Betriebes: Fordern Sie Leistung und fördern Sie die Möglichkeiten, diese zu erbringen.

Fordern, nicht überfordern

Entwicklung ist ein Grundprinzip des Lebens. Wer stehen bleibt, bewegt sich rückwärts, da die Welt um uns herum ständig nach vorn strebt. Und Menschen wollen sich entwickeln. Dafür brauchen sie jemanden, der Leistung und Entwicklung einfordert. Doch allzu leicht artet Forderung in Überforderung aus.

Sie kennen das sicher auch: Ein gewisses Maß an Druck über einen begrenzten Zeitraum hinweg kann sehr motivierend wirken. Hält der Druck jedoch länger an, sind Menschen irgendwann nicht mehr in der Lage, innovativ zu denken und gute Leistungen zu erbringen.

Ein fordernder Führungsstil allein schadet also der Motivation. Doch zwei Punkte auf dem „o" machen den Unterschied. Fördernd fordern heißt konkret: Der Vorgesetzte verlangt Antworten von seinen Mitarbeitern, statt ihnen fertige Lösungen vorzugeben. Und die Mitarbeiter erhalten Unterstützung, Ressourcen und Anerkennung.

Führen heißt unterstützen

Frau Huber ist Chefin einer Werbeagentur. Sie möchte vor allem, dass die Wünsche ihrer Kunden pünktlich erfüllt werden. Katja, ihre Designerin, liefert aber nur Arbeiten ab, die aus ihrer Sicht hundertprozentig perfekt sind – Termin hin oder her. Doch Frau Huber ist nicht bereit, Kunden zu verlieren, weil Katja Termine platzen lässt. Deshalb führt sie ein Feedback-Gespräch mit ihrer Mitarbeiterin (→ 36. Feedback geben und einfordern).

Dabei sprechen die beiden über ihre Ziele und Werte im Beruf. Katja fühlt sich einerseits unterfordert, wenn sie ein minderwertiges Design abliefern soll, und andererseits durch den Zeitdruck überfordert. Frau Huber versteht und liefert ein wunderbares Beispiel für „fördernd fordern": „Sie sind ein Profi, die beste, die ich je hatte. Deshalb bitte ich Sie bis nächsten Montag um Vorschläge, wie Sie hohe Qualität in der vereinbarten Zeit realisieren wollen und wie ich Sie dabei unterstützen kann."
Katja liefert ein überzeugendes Konzept mit zwei Hauptbestandteilen: Sie benötigt eine Praktikantin, die ihr zuarbeitet. „Und lassen Sie mich auf den Auftrag schauen, ehe Sie eine Terminzusage machen", bittet sie Frau Huber. In kürzester Zeit hält Katja die Termine ein und erfüllt gleichzeitig ihren hohen Qualitätsanspruch. Das spricht sich schnell herum, und innerhalb des nächsten halben Jahres gewinnt Frau Huber drei neue Kunden.

Selbstcoaching

Mit dieser Übung setzen Sie den Grundsatz „fördernd fordern" für sich selbst um. Sie können sie aber auch anwenden, um andere zu motivieren. Dann ist besonders wichtig, dass Sie Fragen stellen und keine Ratschläge erteilen: Denken Sie an eine Aufgabe, die Sie wenig motiviert, weil Sie sie nicht für besonders anspruchsvoll halten.

- Was genau macht für Sie diesen geringen Anspruch aus?
- Wie kann die Aufgabe anders erledigt werden, damit sie Ihrem Anspruch entgegenkommt und damit mehr motiviert?

Erledigen Sie die Aufgabe künftig, indem Sie diese neuen Aspekte berücksichtigen.

38. Teams und Typen

Wenn Gabe und Aufgabe zusammenpassen, ist der Mensch optimal motiviert. Wie kraftvoll muss erst ein Team sein, in dem das auf alle Mitglieder zutrifft?

Motivation und Persönlichkeit

Karl-Heinz, Textredakteur in Hamburg, legt Wert auf Genauigkeit. Morgens Punkt neun Uhr sitzt er an seinem Schreibtisch und redigiert Manuskripte. Gestern hat er schon wieder einige Ungenauigkeiten in Dagmars Text gefunden. Das ärgert sie. Als Reporterin recherchiert sie gerne die großen Storys. Sie liebt es, an mehreren Sachen gleichzeitig zu arbeiten, redet oft und gern mit vielen Menschen und bekommt so viele Informationen.

Dagmar ist ein extrovertierter Fühltyp: Es motiviert sie, wenn sie handeln, kommunizieren und dabei im Mittelpunkt stehen kann. Einem introvertierten Denktyp wie Karl-Heinz wird da angst und bange: Er will nachdenken, sich konzentrieren, den Dingen auf den Grund gehen. Wenn den beiden dieser Unterschied bewusst wäre, könnten sie einander gut ergänzen: Die Zeitschrift wäre ohne Dagmar furchtbar langweilig – und ohne Karl-Heinz voller Fehler.

Extrovertierter Typ	**Introvertierter Typ**
reden Vielfalt	zuhören Intensität

Detailtyp	**Überblickstyp**
machen Genauigkeit	Ideen entwickeln Begeisterung

Denktyp	**Fühltyp**
Wahrheit Logik	Beziehung Harmonie

Jeder an seinem Platz

Karl-Heinz ist auch ein Detailtyp, der sich gerne Daten und Fakten einprägt. Richtig eingesetzt, achtet dieser Mensch im Team auf das Kosten-Nutzen-Verhältnis, Termintreue und darauf, dass die Aufgaben mit den Zielen übereinstimmen. Er schafft die Rahmenbedingungen, die das Team benötigt, um erfolgreich zu sein. Er kann allerdings sehr ungeduldig werden. Dagmar dagegen schaut lieber auf große Zusammenhänge und Verbindungen. Damit ist sie der Überblickstyp, den neue, komplexe Aufgaben oder Experimente motivieren. Diese Menschen zaubern neue Konzepte aus dem Hut und können andere für ihre Ideen begeistern. Für die Realisierung brauchen sie aber unbedingt ihren Detail-Kollegen, da sie sonst vor lauter Kreativität zu nichts kämen.
Menschen fühlen sich angeregt, beflügelt und zufrieden, je mehr ihrer täglichen Aufgaben ihrem Typ entsprechen. Wenn verschiedene Typen in einem Team gut verteilt und entsprechend ihren Gaben eingesetzt sind, kann sich jeder entfalten und den anderen unterstützen. So motivieren sie sich gegenseitig.

Selbstcoaching

Vergleichen Sie, ob Ihre Aufgaben (privat und beruflich) Ihrem Typ entsprechen:

- Welche „inkompatiblen" Aufgaben können Sie problemlos streichen?
- Erledigen Sie lästige Aufgaben schnell und tun Sie hinterher etwas, das Ihnen mehr Spaß macht.
- Warten Sie auf eine Chance, die lästigen Aufgaben abzugeben.
- Achten Sie bei beruflicher Veränderung darauf, dass die neue Aufgabe so gut wie möglich zu Ihrem Typ passt.

39. Jobs für Menschen

Sollen die Menschen für Jobs geeignet sein oder Jobs für die Menschen? Viele Wege führen zum Ziel. Doch welcher Weg führt am ehesten zur Motivation?

Keine Chance für Individuen?

Wir Menschen sind einzigartige Wesen. Und das ist auch gut so, denn es macht das Leben bunt, interessant und vielfältig. Doch manchmal geraten individuelle Bedürfnisse und berufliche Erwartungen in Konflikt miteinander. Das kann man als Übel betrachten oder aber als kreative Chance begreifen. Denn gerade wenn es um Motivation geht, ist Individualität ein wichtiger Ansatzpunkt.

Nicht Menschen für Jobs, sondern Jobs für Menschen: Dieser Slogan steht für einen Wertewandel in der Berufswelt. Wissenschaftliche Untersuchungen haben ergeben, dass die große Mehrheit der Arbeitnehmer nicht mehr grundlegend zwischen Arbeits- und Freizeitsphäre unterscheidet. Diese Menschen leisten mehr, wenn sie sich mit ihrer ganzen Persönlichkeit einbringen können. Doch dafür verlangen sie auch etwas: Spaß, Wahlmöglichkeiten, Selbstbestimmung und Entscheidungsspielräume.

Spielräume statt Vorschriften

Wozu, fragen sich diese Menschen, ist zum Beispiel eine strikte Kleiderordnung gut? Wer hat gesagt, dass der klassische Business-Dress den Umsatz erhöht? Flexible Arbeitszeiten kommen dem Wunsch nach Selbstbestimmung da schon eher entgegen. Wenn Mitarbeiter ihre Arbeitszeit entsprechend ihren Wünschen – Biorhythmus, familiäre Bedürfnisse, Hobbys – selbst gestalten können, wirkt das ausgesprochen motivierend. Belohnt werden die Unternehmen durch konzentriertere, effizientere Arbeit.

Vertrauen als Grundlage

Doch Selbstverantwortung erfordert ein hohes Maß an Aufrichtigkeit, Vertrauen und Selbstdisziplin. Schauen Sie genau hin, wenn Ihnen Ihr Arbeitgeber eine so genannte Vertrauensarbeitszeit anbietet: Dürfen Sie wirklich selbst bestimmen, wann Sie die festgelegten Ziele erreichen? Oder fallen künftig nur Ihre Überstunden unter den Tisch, weil sie nicht mehr erfasst werden, während Ihr Arbeitspensum viel zu hoch ist? Das wäre unaufrichtig. Und umgekehrt: Wenn sich ein Mitarbeiter bei vereinbarter zeitlicher Flexibilität vor der Arbeit drückt, wird der Betrieb übervorteilt.
Das Beste ist: Vertrauen und Spielräume für Selbstbestimmung schaffen, in diesem Rahmen Leistung fordern und die Leistungsfähigkeit fördern. Das erhöht die Eigenmotivation und macht die instabile Fremdmotivation überflüssig.

Selbstcoaching

Analysieren Sie, welche Freiräume Sie haben:

- Wie viel Gestaltungsfreiraum besitzen Sie bezüglich Ihrer Arbeitszeit und Ihrer Pausen? Nutzen Sie sie? Wenn nein, warum nicht? Wenn ja, fördert das Ihre Motivation?
- Wenn Ihnen Ihr Gestaltungsfreiraum zu klein erscheint, untersuchen Sie weiter: Welche Arbeiten müssen Sie wann und wo erledigen? Und was würden Sie daran gerne verändern? Können Sie diese Veränderungen eigenmächtig vornehmen?
- Wenn nein: Ist es – zunächst nur theoretisch – denkbar, dass Sie bestimmte Aufgaben zu anderen Zeiten oder an anderen Orten erledigen? Sprechen Sie mit Ihren Kollegen und Ihrem Chef darüber, welche Veränderungen möglich sind – und sei es nur für eine gewisse Zeit.

40. Optimale Arbeitsbedingungen

Eintönigkeit ist genau wie Sand im Getriebe eine zerstörerische Kraft. Arbeitsplätze sollten deshalb so gestaltet sein, dass dieser Frust gar nicht erst aufkommt.

Räume zum Wohlfühlen

„Wenn wir einen Raum das erste Mal betreten, sehen wir nicht Wände und Tische. Wir sehen die Menschen, die hier miteinander kommunizieren werden." Das sagt Erich Neuland. Der Unternehmer ist verantwortlich für die Innenarchitektur von Arbeits- und Lernumfeldern in großen Unternehmen. Er weiß: Arbeitsräume müssen den Rahmen zum Wohlfühlen, für Konzentration und Inspiration liefern.
Einrichtung und Gestaltung ordnet er deshalb den Bedürfnissen der Menschen unter und fügt sie harmonisch in den Stil des Unternehmens ein. Licht, Farben und Formen erhöhen die Lust aufs Arbeiten. Dass alles ergonomisch durchdacht ist und die Arbeitsmaterialien immer leicht erreichbar sind, fördert die Effektivität.

Selbst ist der Mensch!

Natürlich wird Ihr Arbeitsplatz zunächst einmal von dem Unternehmen, für das Sie arbeiten, vorgegeben. Meint es der Arbeitgeber mit der Motivationsförderung aber ernst, wird er die Arbeitsplätze selbst entsprechend gestalten. Schließlich bedingen gute Arbeitsbedingungen ganz erheblich die Leistungsmöglichkeit (→ 12. Haben Sie genug Raum zur Entfaltung?).
Hinkt das Management Ihrer Firma noch etwas hinterher, können Sie auch selbst Hand anlegen und es sich an Ihrem Arbeitsplatz schön machen. Das stabilisiert die Selbstmoti-

vation. Und die ist wichtig für Ihre Lebensqualität, Ihr Glück und Ihre Lust auf den Job.

Holen Sie sich den Glücksfaktor

Sylvia arbeitet in der EDV-Abteilung. Ihr Büro ist zwar schön hell, und sie hat auch einen ergonomischen Stuhl, doch ihr Schreibtisch ist uralt, aus grauem Metall, und die Schubladen klemmen. Neonlicht, kahle Wände, keine Grünpflanze weit und breit, und abends muss Sylvia immer ihren gesamten Schreibtisch abräumen, weil die Putzkolonne ihn sonst nicht säubert. Eines Tages beklagt sie sich in der Kantine bei ihrem Kollegen Thomas. Dem geht es genauso. Doch zusammen finden sie eine Lösung:
Sie besorgen wuchtige Grünpflanzen und stellen Bilder ihrer Liebsten auf ihre Schreibtische. Sylvia hängt einen Bergkristall auf, der die Regenbogenfarben an die Wände projiziert, und auf einem neuen Poster an der Wand steht: „Wie fühlt es sich an, wenn Dich Glück ganz ausfüllt? Stell es Dir vor. JETZT." Das ist es: Der Glücksfaktor am Arbeitsplatz. Fehlt er, dann holen Sie ihn sich einfach.

Selbstcoaching

Begeben Sie sich mental an Ihren Arbeitsplatz (oder einen anderen Ort, an dem Sie mehr Selbstmotivation benötigen) und machen Sie es sich bequem. Was würde Sie hier positiv stimmen? Das kann etwas sein, das Sie sehen, ein entspannendes Geräusch, ein angenehmer Duft, der Ihnen in die Nase steigt, oder ein bestimmtes Gefühl. Schaffen Sie sich Anker, die Sie positiv stimmen: zum Beispiel ein farbenfrohes Gemälde, ein Foto Ihres Partners, Ihre Lieblingsmusik, das Plätschern eines Zimmerspringbrunnens, ein Edelstein oder ein weiches Tuch ... Nutzen Sie dazu alle Ihre Sinne.

41. Anreize durch ein Karrieremodell

Wenn sich Menschen an eine Firma binden sollen, brauchen sie eine Perspektive. Denn sie möchten wissen, wie sie sich weiterentwickeln können.

Unternehmens- und Mitarbeiterziele im Einklang

Britt ist Systemanalytikerin in einem Technologieunternehmen. Sie arbeitet in einem guten Team, das für Kunden in ganz Deutschland IT-Lösungen programmiert und implementiert. Trotzdem ist sie unzufrieden: Das Unternehmen bietet ihr keine Chance, weiterzukommen. Im Internet findet Britt das folgende Angebot eines großen Unternehmens der gleichen Branche: „In unserem dynamischen Karrieremodell bestimmen Sie selbst, wie schnell und in welche Richtung Sie sich weiterentwickeln. Jede Position umfasst einen ausführlichen Rollenkatalog. Das bedeutet: Wenn Sie die genau besprochenen Erwartungen an den nächsten Karriereschritt erfüllen, garantieren wir Ihnen den Aufstieg. Das ist unser Deal. Durch regelmäßiges Feedback wissen Sie immer, wo Sie gerade stehen. Zudem unterstützen wir Sie durch umfangreiche Weiterbildungsangebote auf Ihrem Karriereweg."
Klingt gut, denkt Britt, bewirbt sich und wird als Systemanalytikerin eingestellt. Schon nach einem halben Jahr ist sie Gruppenleiterin, und in eineinhalb Jahren will sie Standortleiterin sein. Dafür legt sie sich mächtig ins Zeug.
Das ist ein hervorragendes Beispiel für Selbstmotivation: Britt arbeitet nicht an einem Ziel ihres Arbeitgebers, sondern an ihrem Ziel. Das Karrieremodell jedoch bringt Unternehmens- und Mitarbeiterziel in Einklang. So profitieren beide Seiten.

Verschaffen Sie sich Klarheit

Leider überlassen viele Unternehmen die Entwicklung ihrer Mitarbeiter immer noch dem Zufall und verzichten damit auf ein wirkungsvolles Anreizsystem. Oder sie bieten nur halbherzige Karrieremodelle mit unklaren oder unerreichbaren Leistungserwartungen, fehlender Weiterbildung, unprofessionellem Feedback und unverbindlichen Karriereversprechen an. Ein solches Karrieremodell wirkt genauso demotivierend wie gar keines.

Sie hingegen sollten nichts den Zufall überlassen und sich Klarheit verschaffen:

1. Wie verändert sich im Laufe der Zeit mein Aufgabenprofil? Wie kann ich mich weiterqualifizieren?
2. Was möchte ich in den nächsten 1, 3 und 5 Jahren beruflich erreichen? (→ 16. Einen Zielvertrag abschließen).
3. Habe ich hier die Chance dazu? Wie werde ich dabei unterstützt? Was muss ich selbst tun?
4. Ist mein Vorgesetzter, ist die Personalabteilung offen für Gespräche über meine Karrierewünsche?
5. Bedeutet die Übernahme neuer Aufgaben auch die Zusammenarbeit mit anderen Kollegen? Oder die Leitung eines Teams? Wenn ja, wie bereite ich mich darauf vor?

Selbstcoaching

Machen Sie Handlungspläne für zwei verschiedene Szenarien: Was müssen Sie tun, um Ihr Ziel in der jetzigen Firma zu erreichen? Und was, um es in einem anderen Unternehmen zu erreichen? Kommen Sie dabei zu dem Ergebnis, dass Sie Ihr Ziel in beiden nicht erreichen können, planen Sie zunächst kleinere Schritte und schaffen Sie sich Optionen: Was können Sie tun, damit Sie Ihrem Ziel zumindest ein Stück weit näher kommen?

42. Fish for nothing – Belohnung einfach so

Haben Sie schon einmal einen „Fish for nothing" bekommen? Das ist ein Geschenk, das Sie bekommen, weil Sie da sind – weil jemand Ihnen sagen will: „Danke!"

Von Delfinen lernen

Der amerikanische Anthropologe Gregory Bateson beschäftigte sich in den 60er-Jahren auf Hawaii mit der Kreativität und Lernmotivation von Delfinen. Bei jedem neuen Kunststück erhielten die Tiere einen Fisch zur Belohnung. Eines Abends jedoch erwischte Bateson einen Assistenten dabei, wie er die Delfine streichelte und ihnen einfach so Fische schenkte. Bateson war überzeugt, dass die Tiere nun kein Motiv mehr hätten zu lernen. Doch der Assistent sah das anders: „Die Delfine brauchen hin und wieder einen ‚Fish for nothing', damit sie sich bei uns wohl fühlen." Und tatsächlich, in den nächsten Wochen lernten die Delfine schneller, zeigten die tollsten Kunststücke und hatten viel Spaß dabei. Die Motivation ergab sich also weniger aus der Belohnung (Fremdmotivation), sondern vielmehr aus dem Wohlgefühl, das der „Fish for nothing" auslöste (Eigenmotivation). Und diese Erkenntnis dürfen Sie eins zu eins auf die menschliche Motivation übertragen.

Kleine Geschenke erhalten die Freundschaft

Jürgen aus der EDV sorgt ganz im Stillen dafür, dass das Netzwerk funktioniert. Er macht keine große Sache daraus. Doch heute Morgen erwartet ihn eine schöne Überraschung: Auf seinem Schreibtisch findet er eine Rose und eine Karte mit der Aufschrift „Danke, dass es Dich guten Geist gibt!" Dabei war es für ihn selbstverständlich, den Kollegen gestern bei dem Programmabsturz schnell zu helfen. Und dafür nun so eine nette Geste?

Genau das ist ein Fish for nothing. Seien Sie großzügig damit! Es sind diese kleinen „Danke"-Botschaften. die das Zusammengehörigkeitsgefühl stärken und motivieren, auch beim nächsten Mal wieder das Beste zu geben. In vielen Unternehmen gehört es deshalb zum guten Ton, die Mitarbeiter gelegentlich zu beschenken. Dabei ist eine kleine Sommerparty einfach so ein ebenso willkommenes Dankeschön wie die ermäßigte (weil von der Firma bezuschusste) Mitgliedschaft in einem Fitness-Club. Unter Kollegen bieten sich kleinere Geschenke wie Blumen oder eine Kinokarte an.

Selbstcoaching

Indem Sie einem Menschen ein wenig Freude schenken, stärken Sie den Glücksfaktor in der gesamten Abteilung. Fangen Sie folgendermaßen an: Konzentrieren Sie sich in der nächsten Woche auf drei Menschen und zeigen Sie ihnen auf Ihre ganz eigene Weise, dass Sie sie schätzen: Das kann durch Worte oder Gesten, ein freundliches Lächeln oder eine kleine Aufmerksamkeit geschehen. Beobachten Sie dabei:

- Wie fühlen Sie sich, wenn Sie anderen Menschen eine Freude machen?
- Was bewirkt das im anderen? Gibt er etwas von dieser freudigen Energie weiter?
- Was bewirkt das in der Abteilung?
- Wie wäre es, wenn diese Energie auch auf die Kollegen im nächsten Flur übergreifen würde?

Diese Übung können Sie überall praktizieren, wo Menschen miteinander kommunizieren: in Ihrer Verwandtschaft, unter Nachbarn, im Verein ...

43. Die Geister, die ich rief

Bedeutende Wahrheiten kommen manchmal im Gewand einer kleinen Geschichte daher. Die folgende hilft Ihnen, Ihr Potenzial jeden Morgen neu zu wecken.

Schweißgebadet erwacht Ellen aus einer unruhigen Nacht. Ihr ist, als hätten sich alle ihre Quälgeister – Angst, Sorgen, Unruhe, Druck – zu einer großen Party versammelt, um auf ihren Nerven herumzutanzen.
Müde denkt sie über den vor ihr liegenden Tag nach – und wie auf Bestellung sind die Quälgeister alle wieder da.
„Warum machen die das?", fragt sich Ellen, als sich tief in ihrem Inneren eine Stimme meldet: „Siehst du es denn nicht? Jede Nacht rufst du sie zusammen und stimmst mit ihnen dein Klagelied an. Sie fühlen sich wohl auf deinen Partys, die ihnen immer und immer wieder ihre Wichtigkeit bestätigen. Aber kennst du auch die anderen Geister, die keine Lust auf diese Art Partys haben? Die singen, etwas Neues kreieren, einfach losgehen wollen? Was ist mit der Fröhlichkeit, der Kreativität und dem Mut? Sie sind verschüttet unter dem Müll deiner Klagen. Nimm dir noch ein wenig Zeit und atme ruhig ein und aus. Sieh dir deine inneren Quälgeister noch einmal an und schick sie dann weg. Ruf die anderen Geister zu dir und setze dich mit ihnen in Gedanken an einen Tisch. Frage den Mut, was er dir zu geben hat."
Der Mut kommt hervor und sagt: „Ich kann es schaffen, wenn ich beginne. Ich laufe los, und dabei ist mein Blick nach oben gerichtet, mein Schritt ist fest, und in mir ist eine freundliche Stimme."
Dann meldet sich die Kreativität: „Hier stehe ich und habe tausende Ideen im Kopf. Und jede Idee birgt eine Antwort

oder die Lösung für ein Problem. Wenn ich ruhig und gelassen bin, finde ich die passende Idee."

Und die Motivation stimmt ein: „Lass Energie durch deinen Körper fließen, damit du kraftvoll in den neuen Tag starten kannst. Stell dir morgens unter der Dusche vor, der Wasserstrahl sei reine Energie, die Angst, Sorgen, Unruhe, Druck von dir abspült. Zurück bleibt unbändige Lebenslust."

Etwas benommen geht Ellen ins Bad. Kaum hat sie die Dusche aufgedreht, erinnert sie sich an die Worte der Motivation. Sie genießt ihre Dusche aus warmem Wasser und Energie. Und tatsächlich breitet sich in ihr ein Glücksgefühl aus, als wäre sie aufgeladen worden.

Vor ihrem Kleiderschrank denkt sie über den Tag nach. Ungewöhnlich: Kaum richten sich ihre Gedanken auf ein Problem, fällt ihr auch gleich eine Lösung ein.

Voller Motivation und Entdeckerfreude macht sie sich auf den Weg zur Arbeit. Schon nach wenigen Schritten fällt ihr auf, dass sie heute nicht wie sonst auf den Boden, sondern nach oben schaut. Sie lächelt, ihr Schritt ist entschlossen, und sie denkt: „Du schaffst alles. Du gibst das Beste, was du zu geben hast." Und während Ellen die Firma betritt, summt sie ein kleines Lied.

Selbstcoaching

Lassen Sie sich von unserer Geschichte inspirieren:

- Stellen Sie sich morgens unter der Dusche vor, dass das Wasser Sie wie ein Energiestrahl mit Kreativität und Kraft auftankt und gleichzeitig Ängste, Sorgen und Anspannungen mit sich fortspült.
- Gehen Sie bewusst aufrecht und richten Sie den Blick nach oben.
- Üben Sie, Ihre Gedanken auf Lösungen statt auf Probleme zu lenken.

44. 10 goldene Regeln der Motivation

1. **Verlassen Sie sich nur auf Ihre Selbstmotivation!** Motivation durch andere, durch Prämie, Lob oder Rang, hält nicht lange an. Selbstmotivation bedeutet: Sie übernehmen die Verantwortung für eine kreative Lebensgestaltung, Ihre Leistungsbereitschaft und Ihre Leistungsfähigkeit. Sie richten Ihren Fokus darauf, wie Sie bekommen, was Sie wollen – und wenn es vielleicht nicht sofort klappt, gehen Sie in kleineren Schritten vorwärts.

2. **Setzen Sie sich Ziele!** Formulieren Sie auf positive Art und Weise, was Sie erreichen wollen, und zwar so, dass Sie selbst einen Beweis für die Erreichung haben. „Magnetisieren" Sie jedes Ziel und machen Sie es unwiderstehlich anziehend, indem Sie sich in Ihrer Fantasie ausmalen, wie es ist, wenn Sie das Ziel erreichen.

3. **Schützen und erweitern Sie alle Ressourcen, die Sie zur Zielerreichung brauchen!** Dazu gehören Ihre Gesundheit und Ihre Leistungsfähigkeit, aber auch Kenntnisse und Fähigkeiten. Denken Sie daran: Lernen ist wie Schwimmen gegen den Strom – wer aufhört, treibt zurück.

4. **Seien Sie sich selbst ein guter Freund!** Selbstmotivation heißt nicht, einen äußeren Antreiber durch einen inneren zu ersetzen. Übernehmen Sie einfach die Verantwortung für die Situation, so wie sie jetzt ist. Klagen Sie nicht, sondern akzeptieren Sie das Auf und Ab im Leben – und suchen Sie nach Veränderungsmöglichkeiten. Seien Sie freundlich zu sich und verwenden Sie im inneren Dialog einen liebevollen, fördernden Ton und positive Formulierungen. Beenden Sie destruktive Gedanken bewusst: Schluss damit.

5. **Setzen Sie sich Zwischenziele!** Besonders bei längerfristigen oder anspruchsvollen Zielen sollten Sie „Meilensteine" bestimmen, die schneller zu erreichen sind und Erfolgserlebnisse bieten.

6. **Schauen Sie ab und zu zurück und wertschätzen Sie, was Sie bereits geschafft haben!** Nutzen Sie diese Pausen auch für Ihren persönlichen Erfolgscheck: Was hat bisher recht gut geklappt? Sind Fehler aufgetreten, die Sie beheben können? Ergeben sich daraus Änderungen für den Weg, der noch vor Ihnen liegt?

7. **Suchen Sie Verbündete!** Pflegen Sie Ihre Kontakte und nehmen Sie jede Gelegenheit wahr, Menschen kennenzulernen, die Sie auf dem Weg begleiten und Ihnen helfen können, Ihr Ziel zu erreichen.

8. **Belohnen Sie sich jeden Tag dafür, dass es Sie gibt!** Und immer dann, wenn Sie eine Aufgabe erfolgreich erledigt haben, die Sie näher an Ihr Ziel bringt.

9. **Schaffen Sie sich das bestmögliche Arbeitsumfeld!** Wenn Ihr Arbeitsplatz Ihrem Wohlbefinden nicht dienlich ist, dann ändern Sie alles, was Sie eigenmächtig ändern können. Ein stimulierendes Arbeitsumfeld und Motivation hängen eng zusammen.

10. **Nur Sinnstiftung schafft Motivation!** Fremdmotivation geht davon aus, dass ein anderer Ihnen Motivation „einimpfen" könne. Aber das stimmt nicht. Denken Sie daran, wenn Sie Kollegen, Mitarbeitern, Freunden, Ihrem Partner oder Ihren Kinder helfen möchten: Sie können sie nur darin unterstützen, sich selbst zu motivieren. Nicht mehr, aber auch nicht weniger. Und dazu gilt es vor allem, herauszubekommen, was die andere Person wirklich will.

45. Bücher, die weiterhelfen

Enkelmann, Nikolaus B.: *Die Macht der Motivation. So motivieren Sie sich selbst und andere*. mvgVerlag, Mannnheim
Der bekannte Motivationstrainer fasst in diesem Buch seine Erfahrungen aus vielen Motivationstrainings zusammen.

Fromm, Michael/Fromm, Barbara: *Führen aus der Mitte. Werden Sie ECHT in Arbeit und Leben – finden Sie Erfüllung und Erfolg*. Kamphausen Verlag, Bielefeld
In diesem sehr inspirierenden Buch zeigt das Beraterehepaar alltagstaugliche Wege auf, um sich und andere zu inspirieren.

Goleman, Daniel/Boyatzis, Richard/McKlee, Annie: *Emotionale Führung*. Econ Verlag, Berlin
Die Autoren beschreiben in diesem Werk die Wirkprinzipien der emotionalen Intelligenz für Führung und Motivation.

Huhn, Gerhard/Hendrick Backerra: *Selbstmotivation. FLOW – Statt Stress oder Langeweile*. Carl Hanser Verlag, München
Die Autoren laden ein zu einer Entdeckungsreise ins eigene Ich und nehmen dabei praxisnah die Alltagshürden bei der Selbstmotivation aufs Korn.

Robbins, Anthony: *Das Power Prinzip*. Ullstein Taschenbuch, Berlin
Auf den Prinzipien des NLP baut der Autor sein Programm für die Überwindung von Motivationsblockaden auf. Ein Klassiker auf seinem Gebiet.

Sprenger, Reinhard K.: *Mythos Motivation. Wege aus einer Sackgasse*. Campus Verlag, Frankfurt am Main
Der Autor kritisiert überzeugend die gängigen Motivationsstrategien in Unternehmen, Leider kommen Lösungsvorschläge dabei etwas kurz – trotzdem empfehlenswert.

46. Adressen, die weiterhelfen

Dr. Petra und Ralf Dannemeyer
perspektiven
Institut für Mentaltraining
Ludwig-Feuerbach-Straße 7 b
D – 99425 Weimar
E-Mail: info@nlp-perspektiven.de
Internet: www.nlp-perspektiven.de
Der Autor und seine Frau, die Psychologin Dr. Petra Dannemeyer, bieten Motivationsseminare auf der Grundlage des Neurolinguistischen Programmierens (NLP) an. Als Lehrtrainer und Coachs vermitteln sie in ihren NLP-Ausbildungen darüber hinaus Handlungsmodelle und Methoden zur Verbesserung der Kommunikation und persönlichen Entfaltung. Die offenen und firmeninternen Seminare besuchen sowohl Fach- und Führungskräfte in Wirtschaft und Organisationen, Ärzte, Psychologen, Angehörige pflegerischer Berufe, Pädagogen und Familienberater als auch Menschen auf der Suche nach ihrem inneren Selbst.

www.br-online.de/wissen-bildung/thema/psychologie
Diese preisgekrönte Internetfassung zum Telekolleg „Faszination Psychologie" des Bayerischen Rundfunks liefert knappe Zusammenfassungen zum Thema Motivation und Emotionen.

www.exklusivposter.de
Internet-Versand für Motivationsplakate.

www.barmer.de/barmer/web/Portale/Unternehmensportal
Das Unternehmensportal der Barmer Ersatzkasse stellt Motivationswissen unter dem Link „Führung und Motivation" bereit. Von Vorteil ist die zielgruppengerechte Unterteilung in „Strategien für Führungskräfte" und „Teamarbeit lernen".

Hinweis

Die Beiträge in diesem Buch sind sorgfältig recherchiert und entsprechen dem aktuellen Stand.
Abweichungen, beispielsweise durch seit Drucklegung geänderte Preise, Gebühren, Anlageentwicklungen, WWW-Adressen etc. sind nicht auszuschließen.
Weder Autor noch Verlag können für eventuelle Nachteile oder Schäden, die aus den im Buch gegebenen praktischen Hinweisen resultieren, eine Haftung übernehmen.
Die hin und wieder erscheinende männliche Form ist, wenn nicht anders präzisiert, als geschlechtsneutraler Kollektivbegriff für Frauen und Männer gemeint.

GRÄFE UND UNZER VERLAG, Redaktion Leben & Lernen
Grillparzerstr. 12, 81675 München

Programmleitung: Marta Vascotto
Leitende Redaktion: Anita Zellner
Redaktion: Sabine Schlimm
Lektorat: Andreas Kobschätzky

Titelillustration: Isabelle Follath/if illustration
Umschlaggestaltung und Layout: independent Medien-Design
Herstellung: Renate Hutt
Satz: Filmsatz Schröter, München
Repro: Penta, München
Druck und Bindung: Druckerei Auer, Donauwörth

ISBN (10) 3-8338-0515-3
ISBN (13) 978-3-8338-0515-8

1. Auflage 2007

GRÄFE UND UNZER

Ein Unternehmen der
GANSKE VERLAGSGRUPPE

100 JAHRE GANSKE VERLAGSGRUPPE